Bien choisir mon chat

Isabelle Collin
Experte féline

miaou & moi

Bien choisir mon chat

RACES • COMPORTEMENT • CADRE DE VIE

Sommaire

Introduction

Choisir un futur petit compagnon ne se fait pas à la légère : il partagera votre vie pendant une vingtaine d'années et une erreur de casting serait vraiment dommage ! Accueillir un chat hyper dynamique alors que vous êtes casanier et vivez dans un petit appartement, c'est courir à la cata (pour vous et votre mobilier). À l'opposé, jeter votre dévolu sur un pépère alors que vous êtes toujours par monts et par vaux ne satisfera ni vous ni votre matou. C'est pourquoi nous avons conçu ce livre comme une aide à la décision, en vous proposant des informations complètes sur chaque race (comme sur les chats de gouttière) afin de vous aider à trouver le petit compagnon que vous rendrez heureux et qui vous le rendra bien ! Selon vos goûts, votre façon de vivre, vos envies, vous découvrirez au fil de ces pages les races de chats qui vous correspondent… ou pas ! Nous avons choisi de vous les présenter par ordre de popularité, afin que vous puissiez découvrir les chats, répandus ou rares, qui sont élevés en France.

Vous trouverez en début d'ouvrage toutes les informations à connaître avant d'accueillir un chat : formalités, visites chez le vétérinaire, trousseau…

Et pour terminer, une to-do list vous aidera à ne rater aucune étape de l'aventure merveilleuse dans laquelle vous allez vous lancer en accueillant une petite boule de poils chez vous !

PARTIE I

Aides à la décision et formalités

Chat de race ou chat de gouttière ?

Quand on aime les chats, on se dit qu'on les aime tous, qu'ils soient petits ou grands, replets ou élancés, roux ou noirs... Mais au-delà de ces différences « basiques », il existe parfois de grandes dissemblances entre les chats de race et les chats de gouttière (appelés également chats de maison). Les chats de race peuvent présenter des caractéristiques physiques extrêmes, fruits de nombreuses années de sélection de la part des éleveurs.

La première question à se poser avant d'accueillir un chat chez soi est le choix de son origine. Évidemment, les chats de gouttière sont les plus courants et les plus faciles à se procurer. De nombreuses personnes cherchent à donner des petits et les refuges sont remplis d'adorables gouttières à adopter. Mais, si ces chats sont craquants, les chats de race ont aussi leurs qualités. Produits de la sélection opérée par les éleveurs depuis de nombreuses années, les chats de race ont un caractère et des besoins souvent bien fixés, que l'on peut connaître à l'avance... Ceux-ci sont plus difficiles à déterminer chez un minet fruit d'amours nocturnes entre deux vagabonds ! Par ailleurs, les chats de race ont des caractéristiques physiques fixes : si vous avez un penchant pour les chats à poil long ou les looks sophistiqués, il faut bien sûr vous tourner vers un chat de race.

Quelle race choisir ?

Il existe environ soixante-dix races de chats officiellement reconnues par le LOOF (Livre officiel des origines félines) et seulement près d'une trentaine d'entre elles ont une population comptant plus d'une centaine de naissances par an en France. Les chats de race sont souvent rares, et donc chers, voire très chers. Le choix d'une race doit se faire en tenant compte de votre mode de vie, qui doit être compatible avec le caractère du chat, de manière à ce qu'il soit heureux dans votre foyer. Il n'est pas conseillé de proposer un chat très « collant » à quelqu'un d'absent toute la journée, un chat hyper dynamique à une personne âgée ou encore un « pépère » à une famille nombreuse ! Le physique compte également : les chats de grande taille auront plus de mal à s'adapter à la vie dans un petit appartement. Certains chats au poil très long, comme le Persan, par exemple, nécessitent un brossage quotidien et des bains réguliers. Cet entretien indispensable prend du temps, il ne faut pas le négliger. Le choix d'un chat de gouttière se fait bien souvent au petit bonheur la chance, à moins d'adopter un chaton issu d'une portée née chez des proches, dont il est donc possible de connaître les antécédents familiaux. La plupart du temps, on ne connaît pas les parents d'un chaton adopté en refuge ou sur petite annonce : il sera donc difficile d'avoir une idée de son caractère et de ses besoins. Un chaton issu de générations de chats chasseurs vivant à l'extérieur peut présenter un atavisme peu compatible avec une vie en appartement.

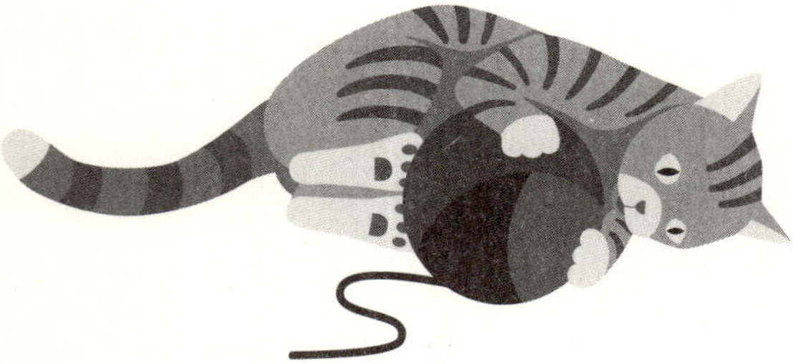

Acheter ou adopter ?

Acheter un chat de race

L'activité d'élevage félin est très encadrée depuis janvier 2016 (loi du 6 janvier 1999, modifiée par l'ordonnance du 7 octobre 2015 relative au commerce et à la protection des animaux de compagnie et décret d'application du 7 juin 2016.) Le distinguo éleveur professionnel ou amateur n'existe plus vraiment. En effet, seuls les éleveurs immatriculés sont autorisés à vendre des chats. Un particulier qui vend la portée d'une chatte dont il est propriétaire est considéré comme un éleveur. Mais comment trouver le bon éleveur ? Où se renseigner et sur quels critères se baser ? Sur le site du Livre officiel des origines félines (LOOF) (www.loof.asso.fr), vous pourrez trouver des coordonnées d'éleveurs, tous les clubs de race y sont recensés. Vous pouvez téléphoner au club de la race que vous aurez choisie. Celui-ci vous aiguillera vers un éleveur qui produit des chatons correspondant à ce que vous recherchez et répondra à vos questions sur la race et ses particularités. Vous pouvez aussi consulter les sites internet consacrés aux chats. Pensez à visiter les chatteries sélectionnées pour vous assurer qu'elles sont propres et que les animaux sont en bonne santé.

Acheter un chat de gouttière

Même si le chaton que vous avez repéré vous est donné gracieusement par une connaissance, essayez d'en savoir le maximum sur lui et ses antécédents. Inspectez-le attentivement pour vous assurer qu'il n'est pas porteur de parasites ou qu'il ne présente pas de symptômes de maladie. Vendre ou donner un chat de gouttière ne dispense pas son propriétaire d'effectuer plusieurs démarches et de vous fournir des documents officiels. Lors de l'adoption de votre chat, son propriétaire doit vous remettre une carte d'identification, une attestation de cession, un document d'information et un certificat vétérinaire.

Les prix pratiqués

Le prix de vente d'un chat de gouttière reste à l'appréciation du vendeur. Dans la plupart des cas, le chat est donné contre remboursement des frais vétérinaires (identification, vaccins). Attention : dans les animaleries, un chat de gouttière peut être vendu pour 200 € à 300 €. Mieux vaut consulter les petites annonces (en particulier dans les cabinets vétérinaires) pour trouver un chat de gouttière à un coût raisonnable. Le prix moyen d'un chat de race « courant » varie en général entre 700 € et 1 200 €. Il peut atteindre 1 500 € à 2 000 €, voire plus pour les chats appartenant aux races rares. Le prix d'un chat de race dépend de plusieurs facteurs. Il va être dans la fourchette haute si sa race est à la mode ou rare, si elle est difficile à faire reproduire ou enfin si ses parents sont des champions d'expositions.

Adopter un chat

Une démarche réfléchie

Vous avez décidé d'accueillir un chat dans votre foyer. Mais plutôt que d'acheter un chaton chez un éleveur ou un particulier, vous préférez adopter un animal dans un refuge, afin de lui offrir une seconde chance. C'est une démarche généreuse, mais qui doit néanmoins suivre quelques règles.

Avant d'aller dans un refuge pour adopter, il faut commencer par définir ce que l'on veut : type, mâle ou femelle, chat d'extérieur ou non, capable de rester seul... Mieux vaut se faire une idée assez précise du minet que l'on recherche avant. Ensuite, il faut s'y tenir, et c'est sans doute la partie la plus délicate : une fois au refuge, il est très difficile de ne pas être ému par tous ces chats qui attendent un nouveau maître. Mais mieux vaut rester ferme, quitte à repartir bredouille, plutôt que de craquer sur un animal qui ne correspondra pas à votre mode de vie.

Le refuge fait remplir un questionnaire qui détermine la volonté des futurs maîtres. Toute la famille doit être d'accord : pas question de confier un chat à des parents cédant à contrecœur devant l'insistance de leurs enfants ! Le personnel du refuge ne veut pas que le malheur frappe deux fois le même animal.

Pourquoi un chat est-il abandonné ?

Un chat qui a été abandonné n'a pas forcément « un problème ». Les abandons sont souvent la conséquence d'une séparation, d'un déménagement, d'une maladie, d'une portée trop importante... autant d'événements ou d'accidents de la vie qui ont une répercussion sur les conditions de vie de l'animal. Mais dans certains cas, le chat a pu vivre dans des conditions difficiles. Il faudra donc se montrer patient avec lui pour lui redonner confiance. C'est pour faciliter la tâche des nouveaux maîtres que les refuges demandent aux personnes qui leur apportent un chat de remplir un questionnaire. Il est plus facile d'accueillir un chat chez soi lorsque l'on connaît son passé.

Où adopter ?

Il existe de nombreux refuges animaliers en France. Les plus connus sont bien sûr les refuges de la Société protectrice des animaux (SPA). Il en existe cinquante-six, répartis dans toute la France. Mais il existe aussi des refuges dépendant de la Fondation Brigitte Bardot, de la Fondation assistance aux animaux et de nombreux refuges locaux.

Combien ça coûte ?

Une adoption dans un refuge coûte en moyenne de 90 € à 150 €. Mais les refuges sont autonomes et peuvent donc fixer librement leurs tarifs. Le prix comprend l'identification, les vaccins et la stérilisation.

Quelles formalités ?

Ne peuvent adopter que les personnes majeures fournissant :

- une pièce d'identité ;
- un justificatif de revenus (fiche de paie, extrait K. bis, avis d'imposition, Pôle emploi, invalidité...) ;
- un justificatif de domicile original de moins de trois mois.

Il est obligatoire de se présenter en personne au refuge, voire avec tous les membres de la famille. Si un animal est déjà présent dans le foyer, le refuge peut vous demander de venir avec lui pour s'assurer que les futurs compères s'entendront. Une adoption peut être refusée si le refuge estime que les conditions ne sont pas favorables.

Les papiers

L'époque est heureusement révolue où il était possible d'acheter un chaton sans formalités. Aujourd'hui, même les chatons de gouttière cédés gracieusement doivent être accompagnés de certains papiers. Et quant aux chatons de race, les documents qui doivent être remis à l'acheteur sont également très encadrés par la loi.

Les papiers du chat sont les documents officiels attestant de son identité, de son identification, de ses vaccinations et de sa race le cas échéant. Ces papiers pourraient sembler dans certains cas peu utiles, sauf quand on réalise qu'ils font partie intégrante de la protection de l'animal. Pouvoir prouver que le chat a été identifié, vacciné, examiné par un vétérinaire... est indispensable en cas de pépin.

POUR TOUS LES CHATS, DE RACE OU NON

La carte d'identification

C'est le premier document du chaton : il est délivré au moment de la pose de sa puce électronique, obligatoire avant toute cession, payante ou non. C'est sur ce document que le vétérinaire qui a procédé à l'identification du chat porte toutes les informations : les nom, prénom, adresse, coordonnées téléphoniques du maître ; l'espèce, la race, la couleur du poil, le sexe, la date de naissance et le nom de l'animal et enfin le numéro de référence de la puce d'identification.

La carte d'identification est le document qui permet de faire le lien entre le propriétaire et son chat. C'est grâce à celui-ci que les déclarations de perte peuvent être faites en cas de fugue ou de perte de l'animal.

L'attestation de vente (ou contrat de vente)

Lors de l'achat d'un chat, une attestation de vente est obligatoirement remise à l'acquéreur, portant :

- les coordonnées du vendeur ;
- les coordonnées de l'acheteur ;
- le numéro de SIRET du vendeur (s'il en a un) ;
- le prix ;
- les conditions de vente ;
- le nom complet ;
- la date de naissance ;
- le sexe ;
- la couleur ;

- le numéro d'identification ;
- les coordonnées du vétérinaire du vendeur ;
- le prix ;
- le mode de paiement ;
- la date de la vente et de la livraison ;
- la liste des documents remis à l'acquéreur lors de la vente ;
- l'indication que l'acquéreur s'engage à détenir l'animal dans des conditions compatibles avec ses besoins biologiques et comportementaux et à lui donner des soins attentifs.

Si le chat est de race, l'attestation de vente doit en outre porter la race du chat, son numéro de pedigree ou son numéro de dossier d'enregistrement au LOOF si le pedigree n'est pas encore disponible et une information sur les garanties contre les vices rédhibitoires.

L'attestation de vente est le document qui permet de se retourner contre le vendeur en cas de problème.

Le document d'information

Ce document présente les informations générales pour le bien-être du chaton (besoins, alimentation, soins, etc.), ainsi que les informations spécifiques liées à sa race le cas échéant. Il permet à l'acheteur de connaître l'indispensable à l'entretien du minet qu'il vient d'acquérir.

Le certificat vétérinaire

Celui-ci doit être établi par un vétérinaire. Il doit porter :

- l'identité et l'adresse de la personne qui cède le chat ;
- l'identification du chat et son numéro de passeport ;
- la date et le lieu de naissance du chat, aux dires du cédant ;

- les vaccinations ;
- la stérilisation éventuelle ;
- la race (si est fourni le numéro de pedigree ou de dossier d'enregistrement au LOOF ; sinon : « n'appartient pas à une race », ou « apparence raciale aux dires du cédant ») ;
- l'état de santé de l'animal apparent au jour de l'examen.

Le certificat vétérinaire, fourni par le vendeur au moment de la cession, permet à celui-ci de prouver que le chaton est vacciné et en bonne santé au moment de la vente.

Le passeport européen

Ce document est établi au moment de la vaccination antirabique du chaton, donc à trois mois révolus. Celle-ci n'est pas obligatoire : votre chaton n'aura donc pas de passeport si vous ne le faites pas vacciner contre la rage. Toutefois, même si vous ne sortez pas du territoire français, vous devez pouvoir présenter le passeport de votre chat, prouvant qu'il a bien été vacciné contre la rage, si vous souhaitez le confier à une pension ou participer à une exposition féline. Le passeport atteste, outre la vaccination contre la rage, que le chat est bien identifié par puce électronique. Il mentionne également la description de l'animal ainsi que le nom et l'adresse de son propriétaire. Ce passeport est la « carte d'identité » de votre animal : tout comme elle, vous devez le conserver précieusement.

Le carnet de santé

Le carnet de santé est un document d'information sur les vaccins et la santé du chat qui n'a pas de valeur légale. C'est dans celui-ci que le propriétaire du félin porte les événements liés à la santé de son animal. Mais les informations légales (vaccination contre la rage, en particulier) sont portées sur le passeport européen.

POUR LES CHATS DE RACE

Le pedigree

Le pedigree atteste de la généalogie d'un chat de race sur plusieurs générations, c'est la preuve qu'il est de race. En effet, un chat né en France ne peut porter la mention « de race » que s'il est inscrit au LOOF, seul livre généalogique reconnu par le ministère de l'Agriculture. L'obtention d'un pedigree auprès du LOOF se fait en deux temps :

Déclaration de saillie et de naissance (DSN) : ce document, signé par le propriétaire de la femelle et par celui du mâle, doit être établi dans les deux mois suivant la naissance des chatons.

Demande de pedigree : elle est faite par l'éleveur dans les six mois suivant la naissance des chatons, après que ceux-ci ont été identifiés. Quand on achète un chaton, il est possible que le pedigree ne soit pas disponible au moment de la vente, car les délais de réception peuvent être longs. Dans ce cas, l'éleveur peut prouver à l'acheteur que la demande a bien été effectuée auprès du LOOF en lui remettant la copie de l'accusé de réception de celle-ci, sur laquelle figurent le numéro de dossier et la description des chatons (nom, race, couleur, numéro d'identification).

Les différents pedigrees

Depuis janvier 2015, chaque pedigree est identifié par une couleur différente :

Bleu : Livre principal.

Vert : Registre d'inscription expérimental (un mariage non autorisé habituellement ou une couleur non reconnue dans une race figure dans la généalogie).

Orange : Registre d'inscription au titre de l'apparence (une partie de la généalogie est inconnue).

Jaune : Registre de filiation (n'a pas valeur de pedigree).

Choisir son chaton

Le choix d'un chaton est un moment merveilleux, car c'est votre première rencontre avec le petit compagnon qui va partager votre vie. Ce choix doit toutefois se faire dans le calme : les coups de cœur, même s'ils sont difficiles à éviter devant ces petites boules de poils, doivent être raisonnés. Le premier critère de choix d'un chaton doit être son apparente bonne santé. Examinez-le donc soigneusement, afin de vérifier que tout va bien :

- il doit être amical et vif ;
- son pelage doit être brillant, sans trace de puces ;
- ses yeux doivent être propres, clairs et brillants ;
- son nez, sa bouche et ses oreilles doivent être propres et ne pas dégager d'odeur nauséabonde ;
- son ventre doit être ferme mais ni dur, ni gonflé ;
- son derrière doit être propre.

Le chaton doit être sociable : il ne doit pas être peureux et doit se laisser prendre dans les bras sans paniquer. Si ce n'était pas le cas, ce serait le signe d'une mauvaise socialisation et vous risqueriez d'adopter un chaton qui aurait toute sa vie des troubles du comportement. Si vous prenez le chaton par la peau du cou, il doit se laisser faire, la queue repliée entre les pattes arrière. Si vous respectez ces critères de choix, vous avez toutes les chances d'adopter un adorable minet, avec lequel vous partagerez des moments merveilleux.

Mâle ou femelle ?

Les femelles ont la réputation d'être un peu plus propres et moins bagarreuses que les mâles, mais c'est souvent une question de caractère individuel. Pendant la période des chaleurs, les mâles ont tendance à se battre et à laisser de fréquents marquages urinaires. Les femelles, quant à elles, poussent des miaulements à vous déchirer les tympans... Mais ceci ne concerne que les chats qui ne sont pas stérilisés et vivent à l'extérieur. Si vous vivez en appartement et que vous comptez faire stériliser votre chat, le sexe du chaton n'a que peu d'importance.

Choisir son nom

Le choix d'un prénom est libre pour les chats de gouttière, mais les chats de race doivent avoir un nom en deux parties : leur « prénom » est suivi de leur « nom de famille », appelé un « affixe ». Il correspond au nom de l'élevage dans lequel le chat est né. Le prénom doit commencer par la lettre de l'année. Cela permet de savoir tout de suite quand et où un chat est né. En 2021, la lettre de l'année était « S », en 2022, c'est « T », en 2023,

« U »... Ainsi, un Siamois qui se nomme Malee des Princes du Siam est né en 2016 dans l'élevage des Princes du Siam.

Les lettres « K », « Q », « W », « X », « Y » et « Z » sont des alternatives possibles à la lettre de l'année précédente, ce qui fait que les mêmes lettres reviennent tous les vingt ans tout juste. Ainsi, le « K » sera autorisé comme alternative l'année du « J », le « Q » sera possible en parallèle du « P », et le « W », le « X », le « Y » et le « Z » deviendront permis en parallèle du « V ».

Le trousseau du chaton

Les trois accessoires indispensables au chaton qui arrive chez vous est un bac à litière et deux gamelles (l'une pour la nourriture, l'autre pour l'eau). Choisissez des gamelles facilement lavables et écartez le plastique, qui retient les odeurs.

La caisse à litière est un des éléments essentiels au bien-être de votre chat... et au vôtre ! Car si sa litière ne convient pas à votre matou, il est tout à fait capable de vous le montrer d'une manière bien déplaisante. Il existe différentes sortes de bacs à litière : caisse rectangulaire, petite « maison » ou même maison de toilette électronique, avec système de filtrage d'air... Une fois que vous avez fait votre choix, essayez de vous y tenir toute la vie de votre animal, car les chats sont des animaux d'habitudes qui n'aiment pas le changement. Cela est valable également pour la litière que vous choisirez. Longue durée, minérale, végétale, à agglomération, avec ou sans parfum... mieux vaut en choisir une et ne jamais en changer.

Pour les aventuriers

Si votre chat ne sort pas de votre appartement, il n'a pas besoin d'un collier, mais si c'est un grand baroudeur, mieux vaut l'équiper d'un collier muni d'une médaille d'identification. Ainsi, si un particulier le retrouve, il pourra vous contacter directement, sans avoir à passer par un vétérinaire ou un service administratif pour faire lire la puce par un transpondeur. Il est préférable de l'équiper d'un collier avec une partie élastique, pour qu'il puisse se dégager, si celui-ci se prenait dans une branche d'arbre.

Pour les casaniers

Pour les chats qui ne sortent pas, vous pouvez faire l'acquisition d'un arbre à chat. C'est une construction plus ou moins grande, avec des poteaux recouverts de corde, des plates-formes, des balles suspendues à des ficelles, etc. L'arbre constitue un espace de jeu généralement adoré par les chats, qui peuvent y laisser libre cours à leur fantaisie. Et quand ils sont pris de frénésie, cela permet d'épargner vos dessus de fauteuil, rideaux et tapisseries !

La visite d'achat chez le vétérinaire

Avant la vente, le propriétaire ou l'éleveur doit faire une visite chez le vétérinaire, qui établit le certificat vétérinaire. Mais dans les cinq jours qui suivent l'arrivée du chaton à la maison, vous devez l'emmener chez le vétérinaire. Le but de cette visite est de vérifier que le chaton n'est pas atteint par une maladie reconnue comme vice rédhibitoire, à savoir : le typhus, la leucose, la péritonite infectieuse (PIF) et le virus de l'immunodéficience (FIV). Si un chaton est atteint par une de ces maladies, cela entraîne l'annulation de la vente. Le propriétaire rend alors le chaton. S'il souhaite le garder quand même, le vendeur doit lui rembourser une partie du prix de vente. Les délais de suspicion ne sont pas les mêmes selon les maladies. Ils commencent à courir à compter de la date d'arrivée du chaton chez son nouveau maître. Ils sont de cinq jours pour le typhus, quinze jours pour la leucose et vingt et un jours pour la péritonite infectieuse. Il n'y a pas de délai de suspicion pour le FIV.

Outre ces vices rédhibitoires, des vices cachés peuvent également entraîner l'annulation de la vente ou le remboursement d'une partie du prix d'achat. Il s'agit des maladies dont la responsabilité peut être imputée au vendeur du chat, qu'il soit éleveur ou particulier. La maladie doit être grave et non visible extérieurement. Cela peut être une maladie génétique pour les chats de race.

Les vaccins

Un mois après la visite d'achat, le chaton doit retourner chez le vétérinaire pour faire deux nouveaux vaccins (la leucose et la rage) et la seconde injection du vaccin contre le coryza.

La première injection du vaccin contre la leucose peut se faire à partir de trois mois, soit au moment de la seconde injection du vaccin contre le coryza. Il nécessite une seconde injection quatre semaines plus tard, puis un premier rappel deux mois après, puis tous les ans.

La première injection du vaccin contre la rage peut se faire à partir de trois mois. Il nécessite une seconde injection quatre semaines plus tard, puis un premier rappel un an après, puis tous les ans.

Le vaccin contre la rage n'est pas obligatoire, sauf pour les chats séjournant en pension, dans les campings, dans les centres de vacances ou pour ceux qui voyagent dans certaines régions (Corse, DOM-TOM) ou à l'étranger.

PARTIE II

Quel chat me correspond le mieux ?

Le chat de gouttière ou chat de maison

Le chat de gouttière représente environ 98 % de la population féline française. C'est donc lui que l'on rencontre dans la plupart des foyers, même s'il ressemble parfois comme deux gouttes d'eau à un chat de race. L'importante représentation du chat de gouttière est due au fait que c'est un animal très résistant, qui a su survivre au fil des siècles, et qui a une prolificité importante. Les archéologues n'ont toujours pas de preuves irréfutables du processus qui a conduit à la domestication du chat, mais l'on sait que des chats sauvages se sont peu à peu rapprochés des hommes. Puis, sans doute en Égypte, les félins ont commencé à vivre auprès de l'homme, dans une proximité qui satisfaisait les deux parties : les chats se nourrissaient de petits rongeurs, débarrassant ainsi les hommes des nuisibles qui entamaient leurs récoltes. Les chats ont petit à petit essaimé dans tout le bassin méditerranéen, puis dans le monde entier, à la faveur des bateaux de marchands. Le chat de gouttière peut s'enorgueillir d'être à l'origine de trois races : l'Européen, le British shorthair et l'American shorthair et d'avoir participé à la sélection de nombreuses autres.

SON APPARENCE

Tête

Toutes les formes de tête, d'oreilles et d'yeux sont possibles.

Yeux

Toutes les couleurs d'yeux sont possibles.

Corps

Les proportions n'ont pas d'importance, on admet par exemple une petite tête sur un grand chat ou vice-versa. Le chat doit également avoir un poids adapté à sa taille et une musculature ferme. Les chats de gouttière présentent généralement une carrure moyenne. Dans les pays chauds, les chats sans pedigree sont souvent plus fins, et plus trapus dans les pays tempérés.

Queue

Elle peut être longue, courte, entortillée ou inexistante.

Robe

Courte et brillante, mi-longue ou longue. Mais le gène déterminant le poil court étant dominant, il y a plus de chats de gouttière à poil court. Toutes les couleurs sont possibles. Beaucoup de chats sans pedigree présentent le motif « tabby » (rayures foncées sur un fond plus clair), qui se rapproche le plus du pelage des ancêtres du chat domestique. Le motif « écaille de tortue », quant à lui, est présent presque exclusivement chez les femelles.

SON CARACTÈRE

Ce chat est peut-être votre nouveau compagnon car...

Vous aimez les surprises

Il est difficile de parler d'un caractère commun aux chats de gouttière. Les chats de race sont sélectionnés selon des critères morphologiques et comportementaux très précis, fixés dans un standard, édité par le Livre officiel des origines félines. Les chats de gouttière quant à eux, se reproduisent à leur guise, au gré des rencontres... ce qui donne des résultats parfois étonnants !

Vous aimez les chats qui ont la pêche

En règle générale, on peut dire que les chats de gouttière sont actifs et joueurs, et qu'ils apprécient de se défouler de temps à autre. S'ils sont élevés chez l'homme, ils sont très amicaux et câlins. En revanche, les chatons nés dans la nature ou à l'écart des humains seront toujours plus farouches et méfiants.

Vous vivez à la campagne

Le chat de gouttière est souvent un animal qui apprécie la vie à l'extérieur. C'est généralement un excellent chasseur, car il a gardé un atavisme très fort. Il met un point d'honneur à ramener des proies à ses maîtres.

Le Maine coon

Le Maine coon s'est développé depuis des siècles sur la côte est des États-Unis. Il serait le résultat du croisement de chats apportés par les colons européens. Ce chat doit son nom à son origine (l'état du Maine) et à sa ressemblance avec le raton laveur (*racoon* en anglais). Le Maine coon est un chat typiquement américain. Il existe depuis des siècles, mais est développé par les éleveurs depuis les années 1960. Il est surnommé « le doux géant ». Si, au début de l'élevage américain, seuls les chats brown tabby (tigrés marron) pouvaient porter le nom « Maine coon », aujourd'hui de nombreuses robes sont acceptées.

SON APPARENCE

Tête

La tête est de bonne taille avec des pommettes hautes et saillantes. De profil, la ligne du nez forme une légère courbe concave. Le crâne est légèrement arrondi.

Le nez, les lèvres et la pointe du menton sont alignés sur la même verticale renforçant l'impression « carrée » du museau. Le menton est ferme et fort.

Yeux

Grands, légèrement ovales et bien espacés l'un de l'autre, les yeux sont implantés en oblique. Toutes les couleurs sont acceptées sans relation avec la couleur de la robe.

Corps

De format long et puissant, le corps est de grande taille, bien musclé, avec une poitrine large. De taille moyenne, l'encolure est bien musclée.

Queue

Longue, la queue doit atteindre la base de l'omoplate. Large à la base, elle est particulièrement bien fournie de poils longs qui forment des mèches souples et se termine en pointe.

Robe

Courte sur les épaules et les cuisses, la fourrure s'allonge graduellement sur les flancs pour atteindre sa pleine longueur sur le ventre et les culottes. Recherchée sous la gorge, la collerette ne s'étend pas sur la poitrine. La texture est soyeuse tout en ayant de la tenue et tombe naturellement de chaque côté du corps. Le sous-poil est fin. La longueur de la fourrure et la densité du sous-poil varient avec les saisons. Toutes les couleurs sont admises sauf celles basées sur chocolat, lilac, cinnamon et fawn.

SON CARACTÈRE

Ce chat est peut-être votre nouveau compagnon car...

Vous appréciez les caractères faciles et sociables

C'est un chat câlin, qui voue une adoration totale à son maître. Même s'il est assez indépendant de caractère, il apprécie la chaleur de son foyer et recherche la compagnie. Il joue volontiers avec les enfants et accepte la présence d'étrangers chez lui, à condition que ceux-ci ne viennent pas trop le déranger, tout de même ! En somme, c'est un parfait chat de compagnie.

Vous avez un jardin

Il a gardé de ses origines rustiques une véritable passion pour la vie au grand air. Très attaché à son territoire, il le défend avec un bel enthousiasme, et gare au matou qui aurait la prétention de venir marcher sur ses plates-bandes ! C'est un remarquable grimpeur et il présente un fort instinct de chasseur dès son plus jeune âge.

Vous aimez vous simplifier la vie

Il est très costaud et ne développe que rarement des problèmes de santé. Il n'est pas difficile et mange bien. Son entretien est aisé : un bon coup de brosse une fois par semaine suffit, sauf en période de mue, où il est nécessaire de le brosser tous les jours pour éviter la formation de bourres de poils. Sa fourrure épaisse étant recouverte d'une pellicule huileuse qui la protège des intempéries, il peut vivre dehors et ne se prive pas de barouder et même prendre des bains lors de ses expéditions !

Le Sacré de Birmanie

Les origines du Sacré de Birmanie sont assez difficiles à retracer. Il vient probablement de Birmanie, mais son histoire connue commence dans les années 1920 en France, à Nice, où des éleveurs croisent un Siamois ganté de blanc et un Persan. Il est présenté pour la première fois en exposition en 1926, mais la race manque de disparaître durant la Seconde Guerre mondiale. Elle est reconstituée par l'apport de sang Persan et, en 1950, elle est définitivement appelée Sacré de Birmanie. Il fascine par son regard bleu saphir, ses pieds blancs et sa douce et longue fourrure.

SON APPARENCE

Tête

La tête du Sacré de Birmanie est large et de taille moyenne, triangulaire avec des contours arrondis. Les joues sont pleines. Le front lui, est légèrement arrondi. Le nez est busqué.

Yeux

Ses yeux sont presque ronds, grands et bien espacés. La couleur est d'un bleu le plus intense qui soit.

Corps

Le corps est long, puissant, massif. Le dos est droit et régulier.

Queue

La queue est proportionnée avec le reste du corps et sa taille est moyenne.

Robe

La fourrure est très soyeuse et mi-longue. Elle est courte à la face pour s'allonger petit à petit à partir des joues vers une collerette. Elle est longue sur le dos et les flancs. Le sous-poil est léger et peu abondant. Le poil frisotte parfois sur le ventre. La face, les oreilles, les pattes et la queue du Sacré de Birmanie sont plus foncées que le reste du corps. Le reste est d'une teinte coquille d'œuf très clair. Le dos est beige doré, quelle que soit la couleur des points. Le ventre est blanc cassé. Les pattes ont des gants blancs bien marqués.

SON CARACTÈRE

Ce chat est peut-être votre nouveau compagnon car...

Vous êtes fusionnel avec votre chat... et vous êtes à la retraite

Tout en rondeurs et tout en douceur, de caractère affable, le Sacré de Birmanie est doux et affectueux avec son maître : il recherche le contact et passe de longs moments couché sur ses genoux, à savourer ses caresses. Il serait même un peu possessif, parfois. Il supporte difficilement l'indifférence, et encore moins la solitude. Les retraités font donc son bonheur !

Vous aimez voir un chaton courir après sa queue

Si le Birman est un chat plutôt calme quand il est grand, le chaton, comme tous les jeunes chats, est plus turbulent. Il s'amuse d'un rien et peut passer de longs moments à tenter d'attraper sa queue, se demandant ce que cet appendice récalcitrant peut bien faire là !

Vous aimez garder la surprise de sa couleur

Les chatons Sacré de Birmanie naissent tout blancs. Ils n'acquièrent leurs marques foncées que vers l'âge d'un à deux mois et ne révèlent leur couleur définitive qu'à l'âge adulte.

Le Bengal

Dans les années 1960, en Californie, Jean Mills, une éleveuse de chats, caresse le rêve d'unir la beauté des félins sauvages à la gentillesse des chats domestiques. Elle accouple donc une femelle *Prionailurus bengalensis*, le chat léopard du Bengale, à l'un de ses chats de ferme. La portée qui naît est composée de chatons « normaux » et de chatons portant les marques du *Prionailurus bengalensis*. Elle croise donc une des femelles tachetées avec son père, pour accentuer la douceur du caractère de l'hybride. L'université de Californie, qui avait fait des recherches sur l'hybridation du *Prionailurus bengalensis*, propose à Jean Mills des chatons pour continuer sa sélection. Des accouplements avec des Burmese, des Siamois et des Mau égyptiens contribuent à fixer le type.

SON APPARENCE

Le Bengal a une tête aux contours arrondis, qui forme un triangle plus long que large. Elle est assez petite par rapport au corps. Son expression doit s'éloigner le plus possible de celle d'un chat domestique.

Yeux

Grands, bien espacés, les yeux du Bengal sont ovales, presque ronds, mais jamais globuleux. Leur couleur est vert, or, bleu ou aigue-marine, selon la couleur de la robe.

Corps

Le long corps du Bengal a une musculature puissante, bien apparente, et une ossature robuste. Cela lui donne une allure de chat à la fois fort et gracieux.

Queue

De longueur moyenne à courte, la queue du Bengal est épaisse à la base, s'affinant à peine pour finir sur une extrémité arrondie.

Robe

La robe du Bengal est courte, épaisse, bien couchée sur le corps et exceptionnellement douce et soyeuse au toucher. La fourrure peut être comme saupoudrée d'or, un effet que l'on appelle « glitter ».

SON CARACTÈRE

Ce chat est peut-être votre nouveau compagnon car...

Vous aimez les félins sauvages

Le but du programme d'élevage du Bengal était de créer un chat domestique possédant des traits caractéristiques des félins sauvages et la sociabilité et le tempérament du chat domestique. Si, dans les tout premiers temps, certains chats étaient encore parfois agressifs, cette époque est révolue, car les éleveurs ont énormément travaillé sur la sélection du tempérament. Le Bengal a aujourd'hui un caractère en or.

Vous avez un faible pour les chats au fort tempérament

Le Bengal est un chat actif, tonique, acrobate : bref, il n'est pas de tout repos ! Avec lui, vous ne vous ennuierez jamais… attention aux rideaux et au canapé ! Le Bengal n'est pas fait pour les intérieurs précieux. Mais il est adorable, et après une séance de câlins, on lui pardonne tout.

Vous n'avez pas peur d'héberger un chasseur émérite

Pour accueillir un Bengal chez soi, mieux vaut qu'il ait un accès au jardin, pour qu'il puisse s'y défouler et mettre ses compétences de chasseur en action. L'inconvénient : il peut arriver de temps en temps que vous trouviez un cadeau sur le paillasson…

Le Ragdoll

L'origine du Ragdoll est connue : Ann Baker, une éleveuse de Persans, crée la race en 1960 en Californie. Le Ragdoll est né du croisement entre un Persan blanc et une femelle Sacré de Birmanie. Le nom du Ragdoll est tout un programme : il signifie

« poupée de chiffon » en anglais ! Son caractère doux contraste avec son gabarit impressionnant.

SON APPARENCE

Tête

La tête du Ragdoll est en forme de triangle équilatéral et ses contours sont arrondis. L'espace entre les oreilles a l'air plat quand l'animal est de face. Le profil, dit en toboggan, montre un crâne et un front arrondis prolongés d'un léger creux au niveau du nez.

Yeux

Les yeux sont ovales, grands, légèrement inclinés. La couleur est d'un bleu très intense.

Corps

Le corps du Ragdoll est rectangulaire avec une poitrine à la fois large et ronde. Il est long et puissant. La largeur des épaules et des hanches est la même. Il pèse lourd, mais n'est pas gros pour autant et sa poche ventrale est, elle seule, acceptée.

Queue

Sa queue est longue, sa base est large et bien fournie, portée en panache, et dans l'idéal elle atteint la base de l'omoplate.

Robe

Soyeuse, mi-longue, elle a une couverture de poils de garde importante et peu de sous-poils. La fourrure est dense et courte sur les pattes avant et plus longue sur les pattes arrière. Le Ragdoll peut présenter différentes couleurs de robe : colourpoint (extrémités plus sombres), mitted (extrémités plus sombres, à l'exception du bout des pattes, le menton, le poitrail et le ventre, blancs) ou bicolore (le poitrail, le ventre et les pattes sont blancs) ou encore van (la couleur est restreinte aux oreilles, à la partie supérieure du masque et à la queue).

SON CARACTÈRE

Ce chat est peut-être votre nouveau compagnon car...

Vous avez un nouveau-né à la maison

La douceur de caractère du Ragdoll est connue de tous : c'est l'un des chats de race qui convient le mieux aux enfants. Très calme, confiant, il se laisse manipuler sans résistance, telle une poupée de chiffon, d'où son nom. Le Ragdoll ne fait jamais preuve d'impatience ou d'agressivité envers ses maîtres.

Vous souhaitez un compagnon souvent à vos côtés

Très proche de ses maîtres, il supporte difficilement d'être laissé seul trop longtemps. Il peut même se laisser dépérir s'il souffre de solitude. Autant dire que ce n'est pas le chat des gens trop occupés... Malgré ces caractéristiques, ce n'est toutefois pas un grand tout mou ! Il est très joueur à ses heures et, par moments, fait preuve d'indépendance.

Vous aimez contempler un chat qui dort

Lorsque l'envie s'en fait sentir, le Ragdoll peut dormir dans les endroits les plus insolites, et il se laisse tellement aller dans son sommeil qu'il est capable de tomber du dossier du fauteuil où il s'est assoupi ! Il s'adapte donc bien à la vie en appartement.

Le British shorthair

Le British shorthair descend en ligne directe des chats de gouttière britanniques. En effet, les chats domestiques du Royaume-Uni avaient une fourrure bien épaisse et très fournie pour lutter contre le froid. Les amateurs de chats du XIXe siècle ont donc sélectionné les sujets les plus ronds et au poil le plus dense pour les présenter en exposition et développer une race à part entière.

SON APPARENCE

Tête

La tête du British shorthair est large avec des contours bien arrondis et des joues pleines. Le nez est court et large. Les mâles adultes ont des bajoues puissantes.

Yeux

Ronds, grands et bien ouverts, les yeux du British shorthair sont bien écartés l'un de l'autre. La couleur doit être uniforme et en accord avec celle de la robe. Les tonalités les plus intenses et les plus brillantes sont préférées

Corps

Son corps est large, épais, musclé et bien rond. L'ossature du British shorthair est robuste et la musculature puissante. Il est de taille moyenne à grande.

Queue

Épaisse à la base, la queue du British shorthair mesure environ les deux tiers du corps. Elle garde à peu près la même épaisseur, de la naissance jusqu'à son bout arrondi

Robe

Sa fourrure est courte, dense et ferme. Elle possède un sous-poil épais et donne l'impression d'une bonne protection naturelle.

SON CARACTÈRE

Ce chat est peut-être votre nouveau compagnon car...

Vous aimez les chats faciles à vivre

Le British shorthair est paisible, patient et peu émotif. Il semble avoir un flegme tout britannique ! Ses capacités d'adaptation se révèlent dans son adaptabilité au milieu : en appartement, il est sage comme une image. S'il vit dans une maison, il passe du temps dehors, joue dans le jardin et fait des frayeurs aux mulots du quartier ! Très sociable, il s'entend bien avec ses congénères comme avec les chiens, avec lesquels il n'hésite pas à jouer.

Vous êtes très câlins

Le British shorthair est un chat très affectueux, et il vient régulièrement demander des caresses... Difficile de lui résister avec sa bouille toute ronde et son poil épais, qui lui donne une allure de grosse peluche !

Vous n'êtes pas fan de toilettage

Le British shorthair est un chat rustique, qui ne nécessite qu'un coup de brosse de temps en temps. En période de mue, en revanche, il faut le brosser tous les jours pour le débarrasser des poils morts.

Le Persan

Les chats à poil long étaient inconnus en Europe jusqu'au milieu du XVIIe siècle, date à laquelle les premiers ancêtres du Persan ont été ramenés en Italie par l'explorateur romain Pietro della Valle. Plus tard, Nicolas Fabri de Peiresc, conseiller au parlement d'Aix-en-Provence, revient d'Italie avec un couple de Persans. Ces chats, et tout particulièrement les blancs, rencontrent tout de suite un grand succès auprès de l'aristocratie. Le Persan tel que nous le connaissons aujourd'hui est le résultat d'une sélection pratiquée par des éleveurs britanniques à la fin du XIXe siècle. Les premiers sujets étaient alors unicolores : blancs, noirs, roux, bleus ou orange. Les autres couleurs sont apparues dans le courant du XXe siècle. Plus de deux cents nuances différentes sont actuellement reconnues !

SON APPARENCE

Tête

Ronde et massive, la tête du Persan a un crâne large formant un dôme. La face est ronde avec une expression douce et une ossature bien arrondie. De profil, le front, le nez et le menton sont alignés sur un même plan vertical.

Yeux

Ronds, grands et bien espacés l'un de l'autre, les yeux ont une expression douce. La couleur, qui est la plus intense possible, doit être en accord avec celle de la robe.

Corps

Massif, avec des épaules et des hanches arrondies et de même largeur. Le dos est droit. La poitrine est large. La cage thoracique et l'abdomen sont bien arrondis. Le chat doit être bien musclé sans obésité évidente.

Queue

Courte, épaisse à la base, se terminant par un bout arrondi mais en proportion avec la longueur du corps. Chez le Persan, la queue est très fournie.

Robe et texture du poil

Longue sur tout le corps, y compris les épaules, la fourrure est dense, fine et soyeuse. Un sous-poil abondant donne du volume à l'ensemble. La collerette, qui est très développée, se poursuit jusqu'entre les pattes avant et sous le ventre. Toutes les couleurs sont admises.

SON CARACTÈRE

Ce chat est peut-être votre nouveau compagnon car...

Vous vivez en appartement

Si le Persan peut parfois révéler un caractère d'aventurier à l'extérieur, le confort d'un appartement est plus adapté à la beauté de son poil. Difficile en effet de l'imaginer rentrant d'une expédition dans le jardin comme n'importe quel chat de gouttière, tout crotté, le poil emmêlé et plein de brindilles !

Vous êtes sociable

Le Persan s'entend bien avec tout le monde : enfants, congénères, chiens ou autres animaux. Il a d'ailleurs longtemps été le chat favori des Français, mais n'a pas pris pour autant la grosse tête.

Vous adorez prendre soin de ceux que vous aimez

Le Persan demande un toilettage minutieux. C'est un chat précieux, et sa fourrure doit être entretenue quotidiennement, avec une brosse métallique pour le démêler et éviter la formation de bourres. Elles doivent être séparées délicatement avec les doigts et si les nœuds sont inextricables, il faut les couper avec des ciseaux à bouts ronds. Le contour de ses yeux doit être nettoyé avec une lotion adaptée... Il est donc préférable d'aimer s'occuper des autres pour avoir un Persan !

Le Chartreux

Le Chartreux pourrait descendre des chats de Syrie, ramené en France au Moyen Âge par les Croisés. Il est présent en France depuis des siècles : en 1558, Joachim du Bellay le décrit dans son poème, *Vers français sur la mort d'un petit chat.* Son appellation viendrait d'une étoffe vendue au XVIIIe siècle appelée « pile des Chartreux ». Cette étoffe grise, douce et laineuse, évoquait le poil de ce chat. En 1928, Christine et Suzanne Léger exposent leur premier Chartreux. Elles l'ont sélectionné en partant d'un groupe de chats bleus vivant librement à Belle-Île-en-Mer.

SON APPARENCE

Tête

Le Chartreux a une tête large à la base, en forme de trapèze, avec des oreilles de taille moyenne, placées haut sur le crâne. Il a les joues pleines et bien rondes, avec des babines développées, ce qui lui confère le sourire caractéristique de la race.

Yeux

Le Chartreux a de grands yeux expressifs, pas trop ronds, vifs, dont la couleur va d'un jaune soutenu à cuivre intense. La couleur la plus soutenue est recherchée. Les chatons naissent avec les yeux bleus, la couleur définitive n'apparaît que vers trois mois.

Corps

Le corps du Chartreux est robuste et massif, avec des épaules larges et une poitrine profonde. Les mâles doivent être nettement plus massifs que les femelles.

Queue

La queue du Chartreux est de longueur moyenne, épaisse à la base.

Robe

Le poil du Chartreux est lustré, épais, dense, serré, au sous-poil bien fourni et légèrement laineux. Les chatons naissent avec des marques tabby qui disparaissent progressivement entre six mois et un an. Toutes les nuances du bleu, allant du bleu gris clair au bleu gris foncé.

SON CARACTÈRE

Ce chat est peut-être votre nouveau compagnon car...

Vous aimez le calme

Le Chartreux est un chat calme et sociable, qui partage la

vie de la maisonnée avec placidité. Tout rond, tout doux, il a un physique en harmonie avec son bon caractère. Il est zen et préfère les ambiances calmes aux maisons bruyantes.

Vous vivez avec des enfants

Gentil, le Chartreux s'entend bien avec tout le monde, et tout particulièrement avec les enfants. Mais il n'apprécie pas beaucoup d'être pris dans les bras. Il miaule très peu et a un petit côté indépendant…

Vous avez un jardin

Ce n'est pas parce que c'est un chat de race que le Chartreux ne peut pas vivre à l'extérieur, il est en effet robuste et rustique. D'ailleurs, plus il vit dehors, plus son poil acquiert et conserve son aspect laineux. Sa fourrure épaisse nécessite un brossage quotidien, pour enlever les poils morts. Il est solide, souple, agile et peut s'adapter à des conditions un peu difficiles.

Le Sibérien

Les origines du Sibérien remontent à des siècles et sont particulièrement difficiles à retracer, vu le manque d'informations collectées sur ce chat dans son pays. Il serait issu de croisements entre les chats sauvages locaux originaires des monts Oural, du plateau de Sibérie centrale et des monts du Caucase avec des chats domestiques russes. Aujourd'hui encore, on peut rencontrer en Transcaucasie un chat sauvage très semblable au Sibérien.

Selon certains historiens, la mutation « poil long » serait intervenue en Russie et se serait propagée aux chats turcs pour créer l'Angora. Selon d'autres, l'inverse se serait produit. Dans tous les cas, le standard officiel du Sibérien n'a été établi qu'en 1989.

SON APPARENCE

Tête

En forme de triangle adouci, la tête du Sibérien est large avec des contours arrondis. Le museau est rond et fort, les femelles ont souvent un museau plus fin que les mâles. Les moustaches sont longues et épaisses. De taille moyenne, les oreilles sont larges à la base et de forme arrondie à leur extrémité. Elles sont recouvertes à l'extérieur d'une abondante fourrure qui cache presque complètement leur base. Des plumets sont appréciés.

Yeux

Grands, presque ronds, les yeux sont bien espacés l'un de l'autre. Ils sont implantés légèrement de biais. Toutes les couleurs sont admises sans relation avec la robe, sauf chez les colourpoints qui ont les yeux bleus.

Corps

Le corps du Sibérien, massif, lourd et musclé, a une forme caractéristique dite « en tonneau » due à la rondeur de ses côtes et de sa musculature très puissante. Les pattes sont robustes et musclées.

Queue

La queue est large à la base puis va en s'effilant jusqu'à un bout arrondi. Elle est fournie d'une abondante fourrure.

Robe

Mi-longue à longue, la fourrure du Sibérien est composée de trois types de poils : poil de garde, poil de jarre et sous-poil. L'encolure, les épaules et le dos sont recouverts de poils de garde plus épais et brillants. La collerette part de l'arrière de la tête pour rejoindre la gorge. Le sous-poil est abondant.

SON CARACTÈRE

Ce chat est peut-être votre nouveau compagnon car...

Vous aimez les chats XXL

Le Sibérien fait partie, avec le Maine coon et le Norvégien, des plus grands chats domestiques. Les mâles pèsent généralement entre 5 kilos et 7 kilos (mais ils peuvent facilement atteindre 12 kilos), tandis que les femelles sont beaucoup plus légères, pouvant peser seulement 3,5 kilos.

Vous aimez les chats-chiens

Le Sibérien a un caractère assez proche de celui du chien : il ne rechigne pas aux changements, est très affectueux avec ses maîtres et s'adapte à tout du moment qu'il est avec eux. Le Sibérien est un des rares chats que l'on peut emmener en vacances avec soi, et qui appréciera le changement d'air !

Vous êtes allergique aux chats

Les personnes qui sont allergiques aux chats sont sensibles à une protéine sécrétée dans leurs glandes, la Fel D1. Elle est présente dans la salive, et donc, quand ils se lèchent, les chats en déposent sur leurs poils. C'est ce qui fait penser aux gens qu'ils sont allergiques aux poils de chat. Le Sibérien est, de toutes les races de chats, celui qui sécrète le moins de cette protéine. Mais attention, seulement 50 % d'entre eux sont hyposécréteurs, et 15 % ont un niveau très faible de Fel D1. Pour être sûr de ne pas avoir de problème, le plus prudent est donc de se rendre à l'élevage pour passer un peu de temps avec votre futur matou et être sûr que vous ne développez pas de symptômes d'allergie.

Le Norvégien

Connu en Norvège sous le nom « Norsk skogkatt » (Chat des forêts norvégiennes), le Norvégien arrive dans ce pays au VIIe siècle sur les drakkars des Vikings, ramené du Moyen-Orient dont il est originaire. Les marins l'apprécient pour ses talents de chasseur de rats sur leurs navires. Le Norvégien vit d'abord près des fermes puis peu à peu, des éleveurs s'intéressent à lui et commencent à le sélectionner. Vers 1930, les chats domestiques communs sont écartés de l'élevage, pour que les chats les plus typés se reproduisent entre eux.

SON APPARENCE

Tête

De taille moyenne, la tête du Norvégien forme un triangle équilatéral.

Yeux

Grands, en amande, les yeux du Norvégien sont placés légèrement en oblique et donnent au chat une expression alerte et éveillée. Toutes les couleurs sont autorisées.

Corps

Le corps du Norvégien est assez long, puissant et massif, avec une ossature robuste et une poitrine pleine et large.

Queue

Sa queue est longue, épaisse à la base et bien fournie, elle est idéalement aussi longue que le corps.

Robe

La robe du Norvégien est double : de longs poils de couverture imperméables et lustrés recouvrent un sous-poil laineux donnant une impression de lourdeur et de profondeur. La collerette est composée de longs poils qui partent de l'arrière des oreilles et d'un jabot très fourni. La collerette et les culottes sont volumineuses.

SON CARACTÈRE

Ce chat est peut-être votre nouveau compagnon car…

Vous avez une grande maison ou un grand appartement

Le Norvégien fait partie, avec le Maine coon et le Sibérien, des plus grands chats de l'espèce féline. Il a besoin d'espace pour s'épanouir, et la vie dans un petit appartement ne lui convient pas vraiment. S'il doit vivre sans accès à l'extérieur, il a besoin de stimulations et un grand arbre à chat est le minimum pour son bien-être.

Vous aimez les contrastes

Tant mieux ! Car le Norvégien a un physique imposant, mais un caractère en or, heureusement ! Il est très câlin et voue une adoration totale à son maître. Même s'il est plutôt indépendant de caractère, il apprécie la chaleur de son foyer et recherche la compagnie. Il vit difficilement seul trop longtemps dans la journée.

Les oiseaux, ce n'est pas votre truc

C'est préférable, car avec un Norvégien dans votre jardin, vous ne risquez plus d'en voir : ils éliront domicile dans un quartier plus calme. Le Norvégien est un remarquable chasseur. Mieux vaut éviter de donner des miettes aux moineaux : il n'hésiterait pas à grimper aux arbres pour s'en faire un petit en-cas ! Quant aux souris et autres mulots, ils doivent éviter le coin pour leur propre sauvegarde, même si l'occupant des lieux est encore un chaton : déjà tout petit, il a un fort instinct de prédateur…

Le Sphynx

Le Sphynx est le fruit d'une mutation génétique naturelle qui apparaît dans toutes les espèces animales. Tous les Sphynx descendent d'une portée de chatons nés nus en 1966 au Canada. Deux chattes de cette portée sont importées aux Pays-Bas par le Dr Hugo Hernandez qui les marie avec des Devon rex. Le Français Patrick Challain lui achète une portée, puis d'autres éleveurs français importent deux chatons de Hollande et le premier standard de la race est rédigé d'après leur fille, Aménophis Clone. Les éleveurs français ont donc joué un rôle essentiel dans le développement de cette race unique.

SON APPARENCE

Tête

La tête du Sphynx est plus longue que large et de taille moyenne. Sa forme est triangulaire, les contours sont prononcés et arrondis, les pommettes sont bien marquées. Le profil offre un dessus de crâne et un front plats qui se prolongent par une courbe concave, se terminant par un nez droit.

Yeux

Ses yeux, sont grands, très ouverts et expressifs et en forme de citron. Ils sont de toutes les couleurs, mais toujours en accord avec la robe.

Corps

Le corps est ferme, rectangulaire, avec une ossature forte. La musculature est ronde et visible. La poitrine « en tonneau » est large et profonde. L'abdomen est rond et donne un peu le sentiment que le chat vient de s'alimenter et c'est cela sa particularité, sans pour autant être obèse. Les hanches et la croupe sont toutes deux arrondies.

Queue

La queue est longue, légèrement épaisse à sa base, et en forme de fouet ce qui lui donne une certaine similarité avec la queue d'un rat.

Robe

Ce chat est nu, il n'a pas de robe, mais il peut présenter un très léger duvet, « peau de pêche ».

SON CARACTÈRE

Ce chat est peut-être votre nouveau compagnon car...

Vous n'aimez pas les poils !

Rien n'explique la bizarrerie de la nature entraînant parfois la naissance d'animaux sans poils. Le Sphynx est porteur d'un gène récessif qui entraîne son absence de pilosité. Il n'a même pas de vraies moustaches ! Si vous avez du mal avec les poils sur votre canapé ou vos vêtements, le Sphynx est fait pour vous.

Vous aimez caresser une peau douce

Ce n'est pas parce qu'il n'a pas de poils que ce chat est frileux pour autant. En hiver, il stocke de la graisse sous la peau, ce qui lui donne un petit air plissé. La peau du Sphynx est recouverte d'un très fin duvet, aussi doux au toucher que le daim !

Vous aimez chouchouter votre chat

Le Sphynx n'est pas un chat fragile, mais il nécessite tout de même un peu d'entretien. Sa peau sécrète beaucoup de sébum et il doit prendre régulièrement des bains pour l'en débarrasser. Et en été, c'est application d'écran total obligatoire !

Le British longhair

Le British longhair est la version à poil long du British shorthair, l'équivalent britannique de l'Européen. Après la Première Guerre mondiale, presque tous les British shorthair avaient disparu. Pour reconstituer la race, les éleveurs ont apporté du chat de gouttière dans les lignées. Mais celui-ci affine le British. Pour lui redonner de la rondeur, les éleveurs font des croisements avec des Persans, ce qui apporte le poil long. Pendant longtemps, ces British à poil long ont été cachés, mais ils sont aujourd'hui reconnus comme une race à part entière.

SON APPARENCE

Tête

La tête du British longhair est large avec des contours bien arrondis et des joues pleines. Le nez est court et large. Les mâles adultes ont des bajoues puissantes.

Yeux

Ronds, grands et bien ouverts, les yeux du British longhair sont bien écartés l'un de l'autre. La couleur doit être uniforme et en accord avec celle de la robe. Les tonalités les plus intenses et les plus brillantes sont préférées.

Corps

Son corps est large, épais, musclé et bien rond. L'ossature du British longhair est robuste et la musculature puissante. Il est de taille moyenne à grande.

Queue

Épaisse à la base, la queue du British longhair mesure environ les deux tiers du corps. Elle garde à peu près la même épaisseur, de la naissance jusqu'à son bout arrondi.

Robe

Sa fourrure mi-longue et soyeuse possède un sous-poil épais. La collerette et les culottes sont bien fournies.

SON CARACTÈRE

Ce chat est peut-être votre nouveau compagnon car...

Vous aimez les chats calmes

Le British longhair présente les caractéristiques de ses deux ancêtres, British et Persan : c'est donc un chat calme, doux et équilibré. Ce matou vit parfaitement bien en appartement. Mais cela ne doit pas vous dissuader de lui offrir de quoi jouer et se dépenser !

Vous aimez les chats discrets

Malgré son physique trapu, le British longhair miaule d'une petite voix discrète, presque fluette.

Le toilettage ne vous fait pas peur

Le British longhair nécessite un entretien important. Il faut le brosser au minimum une fois par semaine, tous les jours en période de mue.

L'Exotic shorthair

L'Exotic shorthair a été créé dans les années 1960 aux États-Unis. Il est le résultat du croisement de l'American shorthair (la version américaine de notre Européen) et du Persan. Dans les années 1950, l'American shorthair était moins reconnaissable qu'aujourd'hui et n'était pas très apprécié en exposition. Des éleveurs ont donc décidé de le croiser avec le Persan pour lui donner de la rondeur et une allure plus frappante. Le résultat est particulièrement réussi, mais certains sujets issus de ces croisements avaient un type vraiment trop marqué pour l'élevage de l'American shorthair. Certains éleveurs les ont alors sélectionnés séparément, pour obtenir un chat qui aurait l'apparence d'un Persan, mais avec le poil court.

SON APPARENCE

Tête

Ronde et massive, la tête du British shorthair présente un crâne large formant un dôme. Sa face est ronde avec une expression douce, des joues larges et puissantes, et des pommettes proéminentes, bien pleines. De profil, le front, le nez et le menton sont alignés sur un même plan vertical.

Yeux

Ronds, grands et bien espacés l'un de l'autre, les yeux du British shorthair ont une expression douce. La couleur, qui est la plus intense possible, doit être en accord avec celle de la robe.

Corps

Son corps est massif, avec des épaules et des hanches arrondies et de même largeur. Le dos est droit, la poitrine large, la cage thoracique et l'abdomen bien arrondis. Le chat doit être bien musclé.

Queue

Elle est courte, épaisse à la base, se terminant par un bout arrondi, mais en proportion avec la longueur du corps.

Robe

Dense et douce au toucher, la fourrure du British shorthair est dressée sur le corps grâce à l'épaisseur de son sous-poil. Légèrement plus longue que celle des autres races de chats à poil court, elle ne doit cependant pas être longue au point de se coucher sur le corps.

SON CARACTÈRE

Ce chat est peut-être votre nouveau compagnon car...

Vous aimez les chats de caractère

S'il a l'apparence et la douceur d'une peluche, l'Exotic shorthair n'en a en revanche pas l'inertie ! C'est un chat qui, sous ses dehors doux et câlins, se révèle enjoué et tonique. Il apprécie effectivement le calme et le repos, mais il peut aussi passer de grands moments à jouer, pendant lesquels il se révèle particulièrement sportif. Passés ces instants de défoulement, l'Exotic shorthair est un compagnon très agréable, doux, câlin, ronronnant avec un bel enthousiasme...

Vous trouvez que les poils sur le canapé, ce n'est pas top

Si vous aimez le look du Persan, mais que vous reculez

devant l'entretien de son poil, l'Exotic shorthair est fait pour vous ! Mais attention : il faudra quand même travailler un peu pendant la période de la mue, où le brossage doit alors être quotidien.

Vous vivez en appartement, mais vous allez régulièrement à la campagne

Pas de problème pour l'Exotic shorthair ! Il s'adapte à tout et son poil, contrairement au Persan, ne lui interdit pas les grandes expéditions dans la nature.

Le Scottish straight

Mary et William Ross découvrent Susie, une chatte aux oreilles repliées, dans une ferme écossaise. Ils tombent sous le charme de ce chat étrange et demandent à ses propriétaires de leur garder un chaton. Il marque le début de l'élevage du Scottish fold. Mais le gène des oreilles repliées peut également entraîner de graves malformations. Pour limiter celles-ci, des Scottish fold sont donc croisés avec des British shorthair, des Exotic shorthair et des American shorthair. Il naît donc régulièrement dans les portées de Scottish fold des Scottish straight, soit les mêmes chats, mais avec les oreilles droites.

SON APPARENCE

Tête

La tête du Scottish straight est large avec des contours bien arrondis, quel que soit l'angle sous lequel on la regarde. Les joues sont pleines. Le crâne est arrondi, descendant par une courbe légèrement concave. Le nez est court et large. Larges à la base, les oreilles sont de taille moyenne à petite, droites, arrondies à leur extrémité et placées bien espacées l'une de l'autre, de manière à respecter l'arrondi de la tête.

Yeux

Ronds, grands et bien ouverts, les yeux sont bien écartés l'un de l'autre.

Corps

Le corps est large, épais, musclé et bien rond. L'ossature est robuste et la musculature puissante. La taille est moyenne à grande.

Queue

Épaisse à la base, la queue du Scottish straight est moyenne à longue. Elle s'affine légèrement jusqu'à un bout arrondi.

Robe

Sa fourrure est courte, dense, ferme et dressée au point de s'ouvrir sur l'encolure quand le chat tourne la tête. La fourrure possède un sous-poil épais et donne l'impression d'une bonne protection naturelle. Toutes les couleurs et tous les motifs sont admis.

SON CARACTÈRE

Ce chat est peut-être votre nouveau compagnon car…

Vous aimez l'insolite discret

Le Scottish straight est en effet un chat rare, mais dont la rareté ne se voit pas ! Il a en effet une apparence tout à fait « normale » contrairement à son grand frère aux oreilles repliées.

Vous appréciez la douceur

Le Scottish straight est un chat très doux, très gentil et affectueux avec ses humains, bref, c'est une crème ! Il s'entend très bien avec les enfants et recherche les caresses et les câlins.

Vous aimez le calme

Très discret, on entend à peine le Scottish straight, car malgré son physique imposant, il miaule d'une toute petite voix !

Le Scottish fold

Le Scottish fold est le résultat d'une fantaisie de la nature, qui a fait naître un beau jour en Écosse des chatons aux oreilles repliées en avant. Mary et William Ross adoptent un chaton, Snooks, qu'ils marient ensuite à un British shorthair. Elle donne naissance à un mâle, Snowball, qui a lui aussi les oreilles repliées. Mais le gène responsable de cette pliure provoque également des malformations osseuses. En 1971, Mary Ross envoie donc des chatons à une généticienne américaine pour résoudre le problème. Celle-ci continue l'élevage, en croisant les Scottish fold avec des British shorthair, des Exotic shorthair et des American shorthair. La race est alors reconnue et revient en Europe en 1980.

SON APPARENCE

Tête

La tête du Scottish fold est large avec des contours bien arrondis, quel que soit l'angle sous lequel on la regarde. Les joues sont pleines. Le crâne est arrondi, descendant par une courbe légèrement concave. Le nez est court et large. Larges à la base, les oreilles sont de taille moyenne à petite, arrondies à leur extrémité et placées bien espacées l'une de l'autre, de manière à respecter l'arrondi de la tête. Les oreilles sont pliées vers l'avant, et peuvent être à simple ou double pliure. À la naissance, les oreilles sont normales. Ce n'est que vers quatre semaines qu'elles se replient vers l'avant.

Yeux

Ronds, grands et bien ouverts, les yeux sont bien écartés l'un de l'autre.

Corps

Le corps est large, épais, musclé et bien rond. L'ossature est robuste et la musculature puissante. La taille est moyenne à grande.

Queue

Épaisse à la base, la queue du Scottish fold est moyenne à longue. Elle s'affine légèrement jusqu'à un bout arrondi.

Robe

Sa fourrure est courte, dense, ferme et dressée au point de s'ouvrir sur l'encolure quand le chat tourne la tête. La fourrure possède un sous-poil épais et donne l'impression d'une bonne protection naturelle. Toutes les couleurs et tous les motifs sont admis.

SON CARACTÈRE

Ce chat est peut-être votre nouveau compagnon car...

Vous êtes prêt à attendre votre chat

Certains Scottish fold sont touchés par une anomalie génétique qui provoque des calcifications osseuses. Il est donc essentiel de s'adresser à un éleveur sérieux et de s'assurer, au moment du choix du chaton, que celui-ci possède une queue bien mobile : c'est le signe qu'il est indemne. Si ce n'est pas le cas, il vaut mieux renoncer pour se tourner vers une autre lignée.

Vous appréciez la douceur

Le Scottish fold a un physique qui évoque la douceur, et son caractère est au diapason. C'est un chat très calme, très gentil, affectueux avec ses humains, bref, c'est une crème ! Mais il réclame la réciprocité : il a besoin d'un maître attentionné, qui le comble de caresses et de câlins.

Vous aimez le calme

Très discret, on entend à peine le Scottish fold, car malgré son physique imposant, il miaule d'une toute petite voix !

Le Highland straight

Des chats aux oreilles pliées sont apparus dans les années 1960 chez des chats de ferme écossais. Le Highland fold, comme le Scottish fold, descend de Susie, la première Fold. La race a été fixée par des croisements, entre autres avec des Persans. Certains Scottish fold naissent donc avec le poil long. Ils sont alors reconnus sous l'appellation « Highland fold ». Mais, comme le gène responsable des oreilles pliées peut engendrer des problèmes osseux, deux « Fold » ne peuvent pas se reproduire entre eux : l'un des deux parents doit avoir les oreilles droites. Les chatons qui naissent ainsi sont donc reconnus sous l'appellation « Highland straight ».

SON APPARENCE

Tête

La tête du Highland straight est large avec des contours bien arrondis, quel que soit l'angle sous lequel on la regarde. Les joues sont pleines. Le crâne est arrondi, descendant par une courbe légèrement concave. Le nez est court et large. Larges à la base, les oreilles sont de taille moyenne à petite, arrondies à leur extrémité et placées bien espacées l'une de l'autre, de manière à respecter l'arrondi de la tête. Elles sont droites.

Yeux

Ronds, grands et bien ouverts, les yeux sont bien écartés l'un de l'autre.

Corps

Le corps est large, épais, musclé et bien rond. L'ossature est robuste et la musculature puissante. La taille est moyenne à grande.

Queue

Épaisse à la base, la queue du Highland straight est moyenne à longue. Elle s'affine légèrement jusqu'à un bout arrondi. Elle est bien fournie et en panache.

Robe

La fourrure du Highland straight est mi-longue, double, soyeuse et dense. La collerette et les culottes sont bien fournies. Toutes les couleurs sont reconnues.

SON CARACTÈRE

Ce chat est peut-être votre nouveau compagnon car...

Vous aimez l'originalité discrète

Le Highland straight cultive sa particularité : il appartient à une race très originale, sans en montrer les spécificités ! Ses oreilles bien droites le placent dans la catégorie des originaux sans ostentation !

Vous possédez d'autres animaux

Le Highland straight est un chat très sociable, qui sait s'adapter à toutes les situations. Il s'entend très bien avec les autres chats et les autres animaux. Il se montre toujours très sociable.

Vous êtes fan de câlins

Le Highland straight est un grand amateur de caresses. Les séances de câlins, posé tranquillement avec son maître, sont ses moments préférés de la journée. Il n'a pas forcément besoin d'un accès à l'extérieur, du moment qu'il est avec son humain adoré !

L'Oriental

Dans le pays d'origine du Siamois, le Siam (l'actuelle Thaïlande), la race existait selon deux variétés : colourpoint (extrémités foncées) et unie. Les deux sont importées en Grande-Bretagne à la fin du XIXe siècle. Les éleveurs anglais privilégient la sélection de la variété colourpoint, jugée plus spectaculaire, qui devient le Siamois tel qu'on le connaît aujourd'hui. Vers la fin des années 1920, les éleveurs anglais délaissent définitivement la variété unicolore. À la fin des années 1950, certains éleveurs choisissent de la reconstituer, en croisant des Siamois avec des chats à poil court.

SON APPARENCE

Tête

Vue de face, la tête, de taille moyenne, est longue et triangulaire. Le crâne et le front sont plats ou légèrement arrondis. Les oreilles sont grandes, larges à la base, bien espacées, dans le prolongement du triangle de la tête.

Yeux

De taille moyenne, les yeux sont de forme orientale. En amande et bien espacés, ils sont inclinés vers le nez en harmonie avec le triangle de la tête. La couleur des yeux est du vert le plus intense possible.

Corps

Il est long, tubulaire et ferme. Il est athlétique et élancé avec une musculature ferme et souple. Les épaules et les hanches sont de même largeur. L'ossature est fine.

Queue

En harmonie avec la longueur du corps et la hauteur des pattes. Longue et fine, elle est en forme de fouet, et se termine en pointe.

Robe

Très courte, très serrée, lustrée, la fourrure est bien couchée sur le corps. La texture en est fine et soyeuse. Toutes les couleurs sont admises.

SON CARACTÈRE

Ce chat est peut-être votre nouveau compagnon car...

Vous aimez les grandes discussions

Très vif et très intelligent, l'Oriental est un bavard ! Il parle presque autant que son cousin Siamois, avec toutefois une voix plus douce. L'Oriental est un chat qui n'engendre pas la mélancolie : particulièrement tonique, il est vif et extraverti. Avec lui, il ne faut pas s'attendre à de petits miaulements étouffés pour réclamer à manger ! Au contraire, il n'hésite pas à s'époumoner, quitte à rameuter tout le quartier, s'il estime que sa gamelle ne vient pas assez vite.

Vous êtes un globe-trotteur

L'Oriental est un chat relativement docile, qui se laisse sans rechigner promener en laisse, ce qui est rare, et appréciable. Il voyage aisément et s'adapte sans trop de difficulté à des situations nouvelles, du moment qu'il est avec son maître adoré ! Il vit parfaitement bien en appartement, mais il deviendra un chasseur émérite s'il a accès à l'extérieur.

Vous avez une âme de nounou

La chatte est précoce (elle est pubère vers neuf mois) et ses chaleurs sont fréquentes. La prolificité de l'Oriental est supérieure à la moyenne... autant dire qu'il vaut mieux surveiller les femelles sous peine de se voir envahi par des nuées d'adorables chatons !

Le Siamois

Difficile de retracer l'histoire du Siamois... La race fait sa première apparition, semble-t-il, dans un manuscrit thaïlandais du XIVe siècle, où un chat de couleur claire et aux extrémités foncées est représenté. Dans leur pays, les Siamois étaient des animaux sacrés et réservés à la famille royale. On ne connaît pas leurs origines, mais deux Siamois sont présentés à la première exposition féline, en Grande-Bretagne, en 1871. Quelques années plus tard, en 1884, Sir Owen Gould, consul d'Angleterre à Bangkok, rapporte un couple, Pho et Mia, à sa sœur, qui les fait se reproduire. Puis, au fil des années, le roi du Siam ayant pour coutume d'offrir des chats à ses hôtes de marque, d'autres Siamois arrivent en France et en Grande-Bretagne. La race est officiellement reconnue en 1892.

SON APPARENCE

Tête

Vue de face, la tête du Siamois, de taille moyenne, est longue et triangulaire. Le crâne et le front sont plats ou légèrement arrondis. Les oreilles sont grandes, larges à la base, bien espacées, dans le prolongement du triangle de la tête.

Yeux

De taille moyenne, les yeux sont de forme orientale. En amande et bien espacés, ils sont inclinés vers le nez en harmonie avec le triangle de la tête. La couleur des yeux est du bleu le plus intense possible.

Corps

Il est long, tubulaire et ferme. Il est athlétique et élancé avec une musculature ferme et souple. Les épaules et les hanches sont de même largeur. L'ossature est fine.

Queue

En harmonie avec la longueur du corps et la hauteur des pattes. Longue et fine, elle est en forme de fouet, et se termine en pointe.

Robe

Très courte, très serrée, lustrée, la fourrure est bien couchée sur le corps. La texture en est fine et soyeuse. Toutes les couleurs sont reconnues (mais le plus souvent crème) avec le motif colourpoint : couleur uniforme sur le corps et points foncés (le masque, les oreilles, les pieds, la queue). Les chatons naissent entièrement blancs, la pigmentation de leurs extrémités ne vient qu'au cours de leur premier mois.

SON CARACTÈRE

Ce chat est peut-être votre nouveau compagnon car...

Vous aimez l'action

Tornade, cyclone, volcan... le Siamois n'est jamais comparé à un phénomène naturel évoquant la douceur et le calme, c'est pour cela qu'il est aimé ! Ne prenez surtout pas un Siamois si vous recherchez un chat paisible qui dort au coin du feu. Joueur, bavard, curieux, toujours en mouvement, c'est un compagnon de vie très prenant et si vous l'adoptez, vous resterez fidèle à cette race pour la vie. Soit ça passe, soit ça casse !

Vous êtes sentimental

De sa voix forte et rauque, il rappelle son maître à l'ordre s'il trouve qu'il n'est pas satisfait assez vite... y compris pour les séances de câlins, car s'il est particulièrement actif, c'est aussi un grand sentimental. Il est très attaché à son maître et ne supporte que très difficilement d'être livré à lui-même de longues heures d'affilée. Et si, pour une raison ou une autre (naissance d'un bébé, arrivée d'un animal à la maison), il était négligé, il pourrait déprimer et développer des troubles du comportement.

Vous n'êtes pas stressé

Le Siamois se perche volontiers sur le haut des meubles ; les rebords de fenêtre et les balcons sont ses postes d'observation préférés pour regarder la rue et son animation... ou les pigeons qui volent à proximité ! Avec un Siamois plus qu'avec tout autre chat, il faut donc prendre ses précautions et sécuriser fenêtres et balcons.

L'Angora turc

L'Angora turc descend vraisemblablement du chat manul, un chat sauvage domestiqué par les Tartares et les Chinois avant de se répandre en Asie Mineure. L'Angora doit son nom à la ville turque d'Ankara, où il est découvert par les Occidentaux. C'est l'explorateur italien Pietro della Valle qui ramène en 1650 le premier sujet en Europe, où il devient vite la coqueluche des cours royales. L'Angora fait sensation en Europe, à l'époque où on ne connaissait, jusqu'à son arrivée, que des chats à poil court. Après une période de grande popularité, l'Angora est utilisé pour la sélection du Persan. Il est alors détrôné par celui-ci dans le cœur des amateurs de chats à poil long : il tombe peu à peu dans l'oubli, jusqu'à disparaître presque complètement après la Seconde Guerre mondiale. En 1960, des Américains, en visite au zoo d'Ankara, tombent sous le charme de quelques survivants et obtiennent l'autorisation du gouvernement turc d'en importer aux États-Unis. Grâce à leurs efforts, les premiers Angoras sont présentés en exposition en 1962, et la race est définitivement reconnue en 1973.

SON APPARENCE

Tête

De taille petite à moyenne par rapport au corps, la tête de l'Angora turc forme un triangle adouci vue de face. Le museau, à peine arrondi, termine le triangle formé par la tête. Grandes, larges à la base, les oreilles sont placées haut sur la tête. Légèrement pointues à l'extrémité, elles sont bien fournies.

Yeux

Grands, en forme d'amande, ses yeux sont placés légèrement de biais. Ils peuvent être bleus, ambre ou vairons.

Corps

Le corps de l'Angora turc est long, fin et musclé.

Queue

Large à la base, la queue de l'Angora turc est longue et va en s'effilant. Elle est toujours bien fournie et portée en panache comme une plume d'autruche.

Robe

Mi-longue, la fourrure de l'Angora turc est soyeuse et fine, avec peu de sous-poil. Brillante et vaporeuse, elle est plus longue au niveau de la collerette, des culottes, sous le ventre et sur la queue. Toutes les couleurs sont autorisées, sauf celles basées sur chocolat, lilac, cinnamon et fawn.

SON CARACTÈRE

Ce chat est peut-être votre nouveau compagnon car...

Vous recevez souvent

Il est particulièrement agréable de partager le quotidien d'un Angora turc, car il s'adapte facilement à toutes les situations. Il accepte sans problème les voyages et les changements de cadre. L'Angora turc est par ailleurs très sociable, avec les autres chats comme avec les chiens, à condition, bien sûr, que les présentations aient été faites dans les règles.

Vous vivez à la campagne

Même s'il a l'air très sophistiqué, l'Angora turc peut tout à fait vivre dehors, car c'est un chat robuste. Il est même plutôt sportif et apprécie les parties de chasse dans la nature : il est donc plus heureux dans une maison disposant d'un jardin. Comme son cousin Turc de Van, il adore l'eau, et n'hésite pas à patauger dans les mares et apprécie d'avoir à disposition une bassine pour se baigner.

Vous n'aimez pas vous compliquer la vie

Malgré la longueur de sa fourrure, l'entretien de l'Angora turc n'est pas contraignant. En effet, n'ayant pas de sous-poil, les nœuds se forment peu : un brossage hebdomadaire suffit donc à l'entretien de son magnifique pelage.

L'Abyssin

Son nom exotique évoque l'Éthiopie, mais rien ne prouve que l'Abyssin en soit originaire. Des sources affirment qu'il est né en Inde ou en Thaïlande. L'Abyssin viendrait des rives de l'océan Indien, mais doit son nom au premier sujet de la race, ramené en 1868 d'Abyssinie par un Anglais, lord Napier. Officiellement reconnue en 1886, la race est introduite en France en 1927. L'Abyssin y est vite devenu très populaire, alors qu'il avait pratiquement disparu du pays qui avait fait sa renommée, le Royaume-Uni ! L'Abyssin, avec sa robe exceptionnelle, chaude et brillante, est d'une grande élégance. Aujourd'hui, il fait partie des races de chats à poil court les plus appréciées à travers le monde.

SON APPARENCE

Tête

Elle est en forme de triangle aux contours arrondis. Les courbes de son profil sont douces. Le crâne est un peu arrondi, le front, lui, est très légèrement bombé. Le nez est assez court. La longueur de la tête est proportionnelle au reste de son corps.

Yeux

Les yeux de l'Abyssin sont grands et brillants, en amande. Leur couleur peut aller du jaune au noisette. La particularité des yeux de l'Abyssin est qu'ils sont soulignés d'un trait rappelant le maquillage de Cléopâtre.

Corps

Le corps est souple, ferme, élégant, et la musculature développée. La taille moyenne. La cage thoracique est légèrement arrondie et le dos peu arqué.

Queue

La queue de l'Abyssin est épaisse à sa base et longue, mais pas trop. Elle reste proportionnée au corps.

Robe

La robe a la qualité de résilience, c'est-à-dire qu'elle est élastique au toucher. Chaque poil doit présenter au moins quatre bandes alternées, claires et foncées, appelées « ticking ». La robe est plus longue sur l'épine dorsale et elle se raccourcit graduellement sur la tête, les flancs et les pattes.

SON CARACTÈRE

Ce chat est peut-être votre nouveau compagnon car...

Vous aimez la beauté altière

Chaque poil de l'Abyssin présente une alternance de bandes claires et foncées : le ticking. C'est un chat élégant, à la robe brillante exceptionnelle, et aux yeux en amande dorés, noisette ou verts. Il a la beauté des plus grands.

Vous avez besoin de tendresse

L'Abyssin est un grand tendre : très attaché à son maître, il recherche les caresses et les moments de calme et d'intimité. De son petit « miauli » discret, il rappelle à son « deux pattes » que c'est l'heure des câlins, si celui-ci a eu le malheur de l'oublier. Avec lui, pas question de passer rapidement à la maison avant de ressortir ! Il faut s'installer, le prendre sur ses genoux, le caresser et lui parler : c'est à cette condition qu'il tolère de rester seul ensuite... L'Abyssin est un pot de colle, qui, malgré son indépendance de caractère, est très sociable et réclame beaucoup d'attention.

Vous êtes joueur

L'Abyssin est un chat réputé pour son caractère joueur, curieux de tout et vif. Il s'adapte sans problème à la vie en appartement à condition qu'on lui réserve quelques endroits – un arbre à chat par exemple – où il peut se dépenser et s'amuser à faire des acrobaties et des pitreries.

Le Highland fold

La mutation responsable des oreilles pliées est apparue chez des chats de ferme écossais. Le Highland fold descend de Susie, la première Fold découverte par les fondateurs de la race, William et Mary Ross. La race a ensuite été fixée par des croisements entre des British shorthair et des chats domestiques à oreilles pliées. Les British étant régulièrement croisés avec des Persans, certains chatons naissent avec le poil long. Ils sont alors reconnus sous l'appellation « Highland fold », les poils courts, quant à eux, sont reconnus comme des Scottish fold.

SON APPARENCE

Tête

La tête du Highland fold est large avec des contours bien arrondis, quel que soit l'angle sous lequel on la regarde. Les joues sont pleines. Le crâne est arrondi, descendant par une courbe légèrement concave. Le nez est court et large. Larges à la base, les oreilles sont de taille moyenne à petite, arrondies à leur extrémité et placées bien espacées l'une de l'autre, de manière à respecter l'arrondi de la tête. Les oreilles sont pliées vers l'avant, et peuvent être à simple ou double pliure. À la naissance, les oreilles sont normales. Ce n'est que vers quatre semaines qu'elles se replient vers l'avant.

Yeux

Ronds, grands et bien ouverts, les yeux sont bien écartés l'un de l'autre.

Corps

Le corps est large, épais, musclé et bien rond. L'ossature est robuste et la musculature puissante. La taille est moyenne à grande.

Queue

Épaisse à la base, la queue du Highland fold est moyenne à longue. Elle s'affine légèrement jusqu'à un bout arrondi. Elle est bien fournie et en panache.

Robe

La fourrure du Highland fold est mi-longue, double, soyeuse et dense. La collerette et les culottes sont bien fournies. Toutes les couleurs sont reconnues.

SON CARACTÈRE

Ce chat est peut-être votre nouveau compagnon car...

Vous possédez une ménagerie

Le Highland fold est le roi de l'adaptation : chats, chiens, autres animaux... il aime tout le monde ! Il s'entend également très bien avec les enfants. Son doux caractère en fait un compagnon de jeu idéal, car il ne s'agace pas facilement.

Vous vivez en appartement

Le Highland fold ne souffre pas de vivre confiné : votre seule présence lui suffit ! Un accès au balcon (sécurisé, bien sûr !) est un plus, mais il peut s'en passer. Le Highland fold entretient une relation presque fusionnelle avec son humain : les câlins sont donc au rendez-vous.

Vous aimez les chats à poil long

Bien qu'il ait une fourrure très fournie, le Highland fold a tout de même le poil moins long que son ancêtre Persan. Son pelage est donc plus facile à entretenir.

Le Devon rex

Bien qu'il donne l'impression d'être le fruit de la manipulation génétique d'un savant fou, le Devon rex est tout à fait naturel ! En effet, tous les Devon rex descendent d'une petite chatte, Kirlee, découverte en 1960 au Royaume-Uni dans une ferme du Devonshire, par Beryl Cox. Celle-ci cherche ensuite à accoupler Kirlee avec d'autres chats à poil ondulé britanniques, les Cornish rex, mais les chatons naissent avec un pelage « normal ». En effet, Kirlee était porteuse d'une mutation différente de celle qui était responsable du crantage du Cornish rex. Kirlee est donc mariée à d'autres chats de ferme et, petit à petit, la race finit par s'établir définitivement, reconnue en 1967.

SON APPARENCE

Tête

De profil, le crâne plat du Devon rex est prolongé par un front bombé suivi d'un stop net au niveau du nez. Ses oreilles, grandes et placées très bas, sont très larges à la base. Arrondies à leur extrémité, avec ou sans plumet, elles sont recouvertes d'une fine fourrure.

Yeux

Grands et bien ouverts, les yeux du Devon rex sont ovales. Toutes les couleurs sont acceptées.

Corps

Son corps est gracieux, ferme et musclé. Sa poitrine est large et bien ouverte. Ses pattes sont longues et hautes avec une ossature fine, mais des muscles puissants.

Queue

Longue et fine, la queue du Devon rex est recouverte d'une fourrure courte et bouclée.

Robe

Fine et douce, la fourrure est courte avec une frisure dense et désordonnée. La densité de la fourrure varie avec les diverses parties du corps : la face, les oreilles, le dos, les flancs, le haut des pattes et la queue sont plus fournis que les régions inférieures. La fourrure qui recouvre le crâne et le cou est souvent si courte qu'elle ne peut pas être crantée. Toutes les couleurs sont reconnues.

SON CARACTÈRE

Ce chat est peut-être votre nouveau compagnon car...

Vous appréciez l'étrangeté

Le Devon rex, avec sa grande tête, ses yeux immenses et ses grandes oreilles, a un physique qui prête à rire. Souvent comparé à un extraterrestre, il étonne et amuse ceux qui ne le connaissent pas. Mais ses amateurs savent que son allure comique ne s'arrête pas à son physique. C'est en effet un chat actif, très joueur, au tempérament bien trempé, sans être difficile.

Vous aimez les boute-en-train

Le Devon rex est un grand joueur et il doit pouvoir, dans sa maison, sauter, se cacher, s'embusquer... En somme, il a besoin d'espace et d'accessoires pour jouer ! Un arbre à chat est bien sûr l'idéal, mais il peut aussi se contenter des placards de la maison pour se dissimuler... Il fait feu de tout bois quand il s'agit de s'amuser et il ne rate pas une occasion de se faire remarquer, quitte à jouer avec les objets les plus insignifiants (un bouchon de liège peut l'occuper pendant des heures.)

Vous vivez dans le Sud

Le revers de la médaille du poil si particulier du Devon rex est sa sensibilité au froid. Il vaut donc mieux éviter de l'exposer aux basses températures et aux courants d'air.

Le Bleu russe

Depuis le XVIIe siècle, on signale des chats à fourrure bleue dans les environs d'Arkhangelsk, un port de la mer Blanche. Les premiers Bleus russes y embarquent à bord de cargos pour parvenir en Grande-Bretagne vers 1860, ce qui leur a valu d'être appelés dans un premier temps « Archanges bleus ». Au début du XXe siècle, une éleveuse anglaise importe un couple, dont elle croise les chatons avec d'autres chats bleus européens (British shorthair et Chartreux). Cet élevage, encore à ses débuts, est malheureusement aussitôt interrompu par la Seconde Guerre mondiale. Ce n'est qu'à la fin des années 1960 que les éleveurs retrouvent le type d'origine du Bleu russe et fixent la race.

SON APPARENCE

Tête

Triangulaire quand elle est vue de face, la tête du Bleu russe est particulièrement large au niveau des yeux. Les coins légèrement relevés de sa bouche lui donnent une expression douce, comme souriante.

Yeux

Ses yeux sont assez grands et bien espacés. Leur couleur est du vert le plus intense possible chez les adultes.

Corps

Le corps du Bleu russe est long et élégant. Bien musclé et sans aucune lourdeur, il peut paraître plus robuste qu'il ne l'est en réalité en raison de la densité de sa fourrure. Son ossature est fine et sa musculature puissante.

Queue

Plutôt épaisse à la base, la queue est de longueur moyenne, et va en s'affinant jusqu'à son extrémité.

Robe

La robe du Bleu russe est courte, fine et douce. Elle est double et très dense en raison de l'importance de son sous-poil. Les couleurs acceptées sont le noir, le blanc et le bleu unis.

SON CARACTÈRE

Ce chat est peut-être votre nouveau compagnon car...

Vous aimez le calme

Discret et réservé, le Bleu russe est proche de ses maîtres et adore les câlins. C'est un chat très sensible, assez émotif. Il recherche plus facilement la compagnie des adultes que celle des enfants, souvent trop turbulents à son goût. Avec les étrangers, il se montre généralement très réservé, faisant preuve de prudence tant qu'il n'est pas totalement en confiance.

Vous respectez son caractère

Plutôt indépendant, le Bleu russe apprécie peu la contrainte. Il sait se montrer assez décidé pour s'échapper de bras qui l'auraient pris par surprise.

Vous vivez en appartement

Le Bleu russe est plutôt un chat d'intérieur. Calme et timide, il ne cherche pas vraiment l'aventure. Même s'il a accès à l'extérieur, il ne se promène généralement pas.

Le Selkirk rex

L'histoire du Selkirk rex est très récente. À l'origine de la race, une petite chatte de gouttière au poil tout frisé trouvée en 1987 dans un refuge du Wyoming. Elle est adoptée par une éleveuse de Persans qui la baptise Miss Pesto of No Face et la fait reproduire avec ses chats. La première portée de Miss Pesto comporte trois chats frisés sur six chatons. Le gène responsable de cette particularité est dominant dans cette lignée (ce qui n'est pas le cas chez les Devon rex et les Cornish rex), les chatons porteurs du gène le transmettent donc à leur descendance. Le premier Selkirk rex est arrivé en France en 1991.

SON APPARENCE

Tête

La tête du Selkirk rex est ronde, large avec des contours bien arrondis. Son nez est court, large et droit. Vues de face, ses babines, bien rembourrées, donnent au museau l'aspect d'un carré adouci. Les oreilles sont moyennes, larges à la base, arrondies à l'extrémité.

Yeux

Ses yeux sont grands, arrondis et bien ouverts, avec une expression douce. Les tonalités les plus intenses et les plus brillantes sont préférées.

Corps

Le corps du Selkirk rex est rectangulaire et musclé. Ses épaules et ses hanches sont de même largeur et légèrement arrondies. L'ossature de ses pattes est robuste et la musculature puissante.

Queue

De taille moyenne, la queue du Selkirk rex est épaisse, s'effilant en un bout arrondi. Pour les poils courts, les boucles sont pelucheuses, couvrant tous les côtés. Pour les poils longs, la queue, en panache, est ébouriffée.

Robe

La fourrure du Selkirk rex est dense et pelucheuse, elle est bouclée sur l'intégralité du corps et sur le poil de garde, le poil de jarre et le sous-poil. Il y a davantage de boucles sur le cou, la gorge, le ventre et la queue. Les moustaches et les sourcils sont frisés et parfois cassants.

Poil court : De longueur moyenne, la fourrure est dense, douce et pelucheuse avec un sous-poil dense et des boucles prononcées et régulières.

Poil long : Mi-longue, la fourrure est dense, douce et très bouclée. La robe d'adulte ne commence à se développer qu'à partir de l'âge de huit à dix mois. La fourrure est complète vers l'âge de deux ans.

SON CARACTÈRE

Ce chat est peut-être votre nouveau compagnon car...

Vous avez toujours eu un faible pour les moutons

Le gène boucle les trois catégories de poils (garde, sous-poil et jarre), et donne à la fourrure du Selkirk rex une sensation douce et pelucheuse au toucher. Sa fourrure est frisée comme celle d'un mouton !

Vous aimez le changement

Le Selkirk rex passe par différentes étapes avant d'acquérir son poil définitif, vers deux ans. Pendant cette période, il mue régulièrement, son poil repousse, change, évolue... En dehors des périodes de mue, il a besoin d'être brossé une fois par semaine pour les poils courts et une fois par jour pour les poils longs.

Vous aimez les câlins

Avec son air de peluche moutonneuse, le Selkirk rex est le chat idéal à câliner, et tant mieux, il adore ça ! Il est très affectueux et recherche les caresses. Le Selkirk rex adore se caler sur les genoux de son maître pour se faire papouiller, mais il n'en est pas moins chat et interrompt volontiers la séance pour courir après son jouet préféré.

Le Selkirk rex à poil long

Une petite chatte de gouttière au poil tout frisé est trouvée en 1987 dans un refuge du Wyoming. Elle est adoptée par une éleveuse de Persans qui la baptise Miss Pesto of No Face et la fait reproduire avec ses chats. La première portée de Miss Pesto comporte trois chats frisés sur six chatons. Le gène responsable de cette particularité est dominant dans cette lignée : les chatons porteurs du gène le transmettent donc à leur descendance. La variété « poil court » présente des bouclettes assez denses, tandis que la variété « poil long » offre une fourrure mi-longue et bouclée en vagues soyeuses, héritée des ancêtres Persans.

SON APPARENCE

Tête

La tête du Selkirk rex est ronde, large avec des contours bien arrondis. Son nez est court, large et droit. Vu de face, ses babines, bien rembourrées, donnent au museau l'aspect d'un carré adouci. Les oreilles sont moyennes, larges à la base, arrondies à l'extrémité.

Yeux

Ses yeux sont grands, arrondis et bien ouverts, avec une expression douce. Les tonalités les plus intenses et les plus brillantes sont préférées.

Corps

Le corps du Selkirk rex est rectangulaire et musclé. Ses épaules et ses hanches sont de même largeur et légèrement arrondies. L'ossature de ses pattes est robuste et la musculature puissante.

Queue

De taille moyenne, la queue du Selkirk rex est épaisse, s'effilant en un bout arrondi. Pour les poils courts, les boucles sont pelucheuses, couvrant tous les côtés. Pour les poils longs, la queue, en panache, est ébouriffée.

Robe

La fourrure du Selkirk rex est dense et pelucheuse, elle est bouclée sur l'intégralité du corps et sur le poil de garde, le poil de jarre et le sous-poil. Il y a davantage de boucles sur le cou, la gorge, le ventre et la queue. Les moustaches et les sourcils sont frisés et parfois cassants. Mi-longue, la fourrure est dense, douce et très bouclée. La robe d'adulte ne commence à se développer qu'à partir de l'âge de huit à dix mois. La fourrure est complète vers l'âge de deux ans.

SON CARACTÈRE

Ce chat est peut-être votre nouveau compagnon car...

Vous appréciez l'originalité

Le Selkirk rex présente une fourrure toute frisottée, très particulière. Mais sous son pelage de mouton, le physique du Selkirk rex est assez classique, proche du British shorthair, tout en rondeurs.

Vous êtes prêt à donner de votre personne

Le poil du Selkirk rex nécessite un entretien important : sa fourrure doit être brossée quotidiennement. Les périodes de mue sont assez impressionnantes...

Vous aimez les câlins

Avec son air de peluche, le Selkirk rex est le chat idéal à câliner : tant mieux, il adore ça ! C'est un chat très affectueux qui recherche les caresses. Il adore se lover sur les genoux de son maître pour se faire papouiller.

Le Savannah

Le Savannah est un chat issu de croisements entre diverses races de chats domestiques à robes tachetées et de serval, un félin sauvage pesant 15 kilos environ, qui cohabite bien avec l'homme. Dans certaines parties d'Afrique, on peut voir des servals vivre dans des milieux ruraux. Ils sont parfois gardés en tant que chats de compagnie et auxiliaires de chasse. Le but du programme d'élevage du Savannah est de produire une race de chat domestique de grande taille qui reflète les caractéristiques du serval.

SON APPARENCE

Tête

Petite par rapport au corps, la tête du Savannah, de face, forme un triangle dont les oreilles sont exclues. Le crâne doit être très légèrement arrondi. Les oreilles sont grandes, avec une extrémité arrondie.

Yeux

Les yeux du Savannah sont de taille moyenne et en forme d'amande. Bien espacés l'un de l'autre, ils sont idéalement ornés de taches en forme de larmes blanches caractéristiques (chez les chats agoutis uniquement). La couleur va de l'or au vert.

Corps

Le corps du Savannah est caractérisé par une cage thoracique très profonde et une croupe légèrement surélevée. Les hanches et les cuisses longues, pleines et musclées, sont un peu surdimensionnées.

Queue

Assez épaisse, la queue du Savannah est un peu moins longue que chez une autre race de chat.

Robe

De longueur courte à moyenne, la fourrure du Savannah a un toucher très particulier : le poil de garde, un peu rêche, recouvre un sous-poil dense plus soyeux tandis que les spots sont notablement plus doux. Quelle que soit la couleur, tous les Savannah doivent présenter le même patron spotted tabby avec, en outre, le plus possible de petites taches sur les pattes et la tête. Les spots, toujours noirs, sont ronds, ovales ou allongés. Le ventre est tacheté.

SON CARACTÈRE

Ce chat est peut-être votre nouveau compagnon car…

Vous avez un faible pour les grands félins

Vous avez toujours rêvé de caresser un fauve ? Vous vous en rapprochez singulièrement avec le Savannah ! C'est le plus grand des chats domestiques, qui peut mesurer jusqu'à 40 centimètres au garrot et peser jusqu'à 14 kilos. Il a une allure unique.

Vous aimez les chats énergiques

Le Savannah n'est pas un chat pépère qui se prélasse sur des coussins moelleux : il a de l'énergie à revendre et son gabarit en fait une tornade de feu ! Il est donc préférable de vivre dans une maison avec jardin pour qu'il puisse s'y défouler. Il adore se baigner, alors un bassin fera son bonheur. En revanche, mieux vaut éviter d'y placer des poissons rouges, qui ne survivraient pas à son tempérament joueur !

Vous avez un budget conséquent

Le Savannah est un chat coûteux, dont le prix d'achat avoisine et dépasse souvent les 2 000 euros. De plus, sa grande taille implique un budget croquettes adapté ! En nourriture haut de gamme, cela peut facilement représenter 40 euros par mois.

Le Somali

Depuis toujours, dans les portées d'Abyssins, naissent des chatons roux à poil long. Ceux-ci étaient écartés de la reproduction, jusqu'à ce que des éleveurs canadiens et américains décident de les sélectionner. C'est l'éleveuse américaine Evelyn Mague qui parvient à fixer définitivement le type Abyssin à poil long. La race est baptisée Somali, en référence au pays voisin de l'Éthiopie, berceau supposé de l'Abyssin. La race est officiellement reconnue en 1978 et les deux premiers Somalis arrivent en France en 1979.

SON APPARENCE

Tête

En forme de triangle adouci, aux contours légèrement arrondis sans faces plates. Nez de longueur moyenne, jamais droit. De profil, la tête présente une courbe douce. Grandes, en alerte et modérément pointues, les oreilles sont en forme de coupe avec une base bien évasée. Moyennement écartées, elles possèdent des poils courts et couchés.

Yeux

Brillants et expressifs, les yeux du Somali sont grands. En forme d'amande, leur ouverture n'est ni orientale ni ronde. La couleur admise va du jaune au noisette en passant par le vert dans toutes les nuances à condition qu'elle soit uniforme. Les yeux sont soulignés d'un trait de maquillage « à la Cléopâtre », de la couleur de base de la robe, lui-même entouré d'une zone de coloration plus claire. Au-dessus de chaque œil, une courte ligne verticale, comme un trait de crayon, coupe cette zone claire.

Corps

De longueur et de corpulence moyenne, souple et gracieux.

Queue

Assez longue, épaisse à la base, s'effilant progressivement

Robe

La robe du Somali est mi-longue, assez couchée sur le corps. Elle est plus courte sur les épaules et l'épine dorsale, s'allongeant graduellement sur les flancs. La collerette et les culottes sont bien fournies. Le sous-poil ne doit pas être laineux.

Caractérisée par un ticking (quatre bandes de couleur alternativement claires ou foncées sur chaque poil, avec l'extrémité foncée) semblable à celle du lièvre ou du lapin. Le ticking n'existe pas sur les poils des parties déclives (gorge, ventre, intérieur des pattes) Toutes les couleurs sont reconnues, avec le motif tabby.

SON CARACTÈRE

Ce chat est peut-être votre nouveau compagnon car...

Vous aimez l'équilibre

Comme son cousin l'Abyssin, le Somali est un chat vif et actif. Il n'est toutefois pas exubérant, ce qui est appréciable lorsque l'on vit en appartement. Ce chat aime tout particulièrement le grand air, mais il peut s'accommoder d'une vie de chat d'intérieur, à condition d'y être habité tout chaton. S'il a hérité de son cousin une certaine joie de vivre, il présente un caractère plus calme et posé que celui-ci.

Vous voulez des câlins

Le Somali est un chat très affectueux. C'est un grand tendre, qui monte régulièrement sur les genoux pour se faire caresser ou se caresser contre son humain.

Vous êtes joueur

Le Somali est très joueur, c'est l'une de ses principales caractéristiques. À la moindre occasion, il se jette sur tout ce qui lui tombe sous la patte pour des parties de foot endiablées !

Le Mau égyptien

Le Mau égyptien, dont la robe tachetée et la marque frontale en forme de « M » sont si facilement reconnaissables, apparaît sur des peintures murales égyptiennes remontant à la XVIIIe dynastie, il y a plus de 3 500 ans. On l'y voit accompagnant son maître à la pêche ou représentant la déesse Bastet. Mais il faut attendre le XXe siècle pour que ce chat antique soit redécouvert ! Ce n'est que dans les années 1950 qu'une princesse russe en exil, Natalia Troubetskoï, remarque ce chat dans les jardins de l'ambassadeur d'Égypte en Italie. Elle tombe amoureuse de la race et réussit à convaincre l'ambassadeur de lui donner son mâle, Geppa. Elle importe ensuite une femelle d'Égypte, Baba, et commence l'élevage. La princesse s'établit en 1956 aux États-Unis, où la race est officiellement reconnue en 1977.

SON APPARENCE

Tête

De taille moyenne, la tête du Mau égyptien forme un triangle aux contours adoucis sans aucune face plane. Le nez, droit, est de largeur égale sur toute sa longueur. De taille moyenne à grande, les oreilles sont larges à la base, arrondies au bout et placées assez espacées dans le prolongement des lignes de la tête.

Yeux

En amande, les yeux sont grands et bien ouverts avec une implantation légèrement en oblique. La couleur idéale est dite « vert groseille à maquereau ».

Corps

Le corps du Mau égyptien, de taille moyenne, est une harmonieuse combinaison alliant puissance et élégance. La musculature est bien développée, surtout chez les mâles adultes qui peuvent être plus trapus que les femelles.

Queue

De taille moyenne, la queue est assez épaisse à la base et va en s'effilant légèrement jusqu'à son extrémité.

Robe

Courte, la robe doit cependant avoir une longueur suffisante pour que chaque poil présente au moins quatre bandes alternées, claires et foncées. Seul le patron spotted tabby est accepté, décliné dans les couleurs silver, bronze, black smoke et noir.

SON CARACTÈRE

Ce chat est peut-être votre nouveau compagnon car...

Vous avez un faible pour les chats très « chats »

Le Mau égyptien est un chat vif, actif et d'un naturel plutôt joyeux, voire même exubérant ! Il est particulièrement intelligent et semble être toujours au diapason de l'humeur de son maître. Le Mau égyptien n'accorde toutefois pas son affection à n'importe qui. D'un naturel plutôt méfiant, il reste longtemps sur la réserve et il faut, très progressivement, parvenir à gagner sa confiance. Avec les étrangers, il reste toujours sur son quant-à-soi. Avec son maître, une fois que celui-ci a réussi à l'amadouer, il est très affectueux.

Vous travaillez à domicile

Le Mau égyptien a besoin qu'on s'occupe de lui et requiert beaucoup d'attentions : il vaut mieux se tourner vers une autre race moins dépendante si vous passez de longues heures, chaque jour, éloigné de votre foyer. Le Mau égyptien s'adapte très bien à la vie en appartement, à condition de ne pas y rester seul de trop longues heures, car il ne le supporterait pas et dépérirait très certainement.

Votre jardin est sûr

Le Mau égyptien peut vivre avec plaisir avec un accès à l'extérieur. C'est un chat plutôt énergique et un très bon chasseur. Il profite donc de ses sorties pour mettre ses talents à l'épreuve.

Le Thaï

Les premiers Siamois sont arrivés au Royaume-Uni à la fin du XIXe siècle. Ils rencontrent tout de suite un grand succès. Mais à partir des années 1960, leur morphologie évolue progressivement, grâce à la sélection des éleveurs, vers un chat très fin et élancé. Des amoureux de l'ancien type, plus rond, ont alors souhaité le développer à nouveau, et il a été officiellement reconnu en 1990. Cet ancien Siamois a donc été renommé « Thaï ».

SON APPARENCE

Tête

Vue de face, la tête du Thaï forme un triangle équilatéral aux contours adoucis, avec des joues assez rondes. Son museau est de longueur moyenne. Larges à la base et arrondies à l'extrémité, les oreilles sont de taille moyenne et placées assez haut.

Yeux

Les yeux du Thaï, d'un bleu le plus intense possible, sont ovales et légèrement de biais.

Corps

Le corps du Thaï est de taille moyenne, très musclé, mais sans lourdeur. Sa poitrine est bien ouverte et légèrement arrondie. Ses pattes sont plutôt fines.

Queue

De longueur moyenne, épaisse à la base, sa queue va en s'effilant jusqu'à une extrémité légèrement arrondie.

Robe

La robe du Thaï est courte et serrée. La fourrure est couchée sur le corps et de texture fine et soyeuse. La robe du Thaï est colourpoint. Il doit donc y avoir un contraste net entre la couleur des extrémités, qui est la plus homogène possible, et celle du corps qui est uniforme.

SON CARACTÈRE

Ce chat est peut-être votre nouveau compagnon car...

Vous aimez les «chats-chiens»

Le Thaï est un chat très présent, voire même un peu « collant ». Il accompagne son maître dans ses activités et ne rechigne pas à être promené en laisse. Il peut même rapporter des balles qu'on lui lance !

Vous êtes actif

Le Thaï n'est pas du genre à se lover sur des genoux pendant des heures. C'est un chat très actif, énergique, et qui sait se faire entendre, par son miaulement caractéristique. Il adore se jucher sur les épaules de son humain pour être aux premières loges.

Vous n'êtes pas maniaque

Le Thaï, comme tous les chats, a besoin de se faire les griffes. Mais il est aussi un grimpeur né, qui saute sur les meubles, fait la java, joue avec tout ce qui lui tombe sous la patte... Bref, les bibelots et les canapés précieux risquent de pâtir de son fort tempérament !

Le Kurilian bobtail à poil long

Le Kurilian bobtail est une race naturelle originaire des îles Kouriles, un archipel situé entre la péninsule russe du Kamtchatka et le nord de l'île japonaise d'Hokkaido. Des chats à queue courte y vivent depuis toujours, sans doute originaires du Japon, où des chats semblables (comme le Bobtail japonais) sont connus depuis des siècles. Les Kurilian bobtail ont été remarqués par les militaires et les scientifiques basés sur l'archipel, qui ont ensuite rapporté des sujets chez eux. Avec l'ouverture des frontières russes dans les années 1990, le Kurilian bobtail est parti à la conquête du monde !

SON APPARENCE

Tête

Le Kurilian bobtail possède une tête en forme de trapèze, assez large au niveau des pommettes. Son museau est puissant et fort, ses oreilles sont de taille moyenne, bien espacées l'une de l'autre.

Yeux

Ses yeux sont presque ronds, grands et implantés légèrement de biais. Toutes les couleurs sont acceptées sans qu'il y ait de relation avec la couleur de la robe.

Corps

Son corps est compact et puissant, avec une ligne de dos bien arquée. De longueur moyenne, les pattes ont une ossature robuste et une musculature puissante et les pieds sont bien ronds.

Queue

Longue de 3 cm à 8 cm, fourrure non comprise, la queue du Kurilian bobtail est composée de plusieurs coudes ou nœuds irréguliers.

Robe

Sa fourrure est mi-longue, avec un poil de garde important et un sous-poil développé. Toutes les couleurs sont reconnues, sauf celles basées sur chocolat, lilac, cinnamon et fawn.

SON CARACTÈRE

Ce chat est peut-être votre nouveau compagnon car…

Vous avez envie d'avoir plusieurs chats

Sur les îles Kouriles, les Kurilian bobtail restent en groupes unis, presque des meutes. Ils vivent donc très bien en communauté. Si vous avez envie d'avoir plusieurs chats, avec le Kurilian bobtail, vous êtes sûr d'éviter les conflits !

Vous appréciez les chats amicaux

Les tendances grégaires du Kurilian bobtail en font un chat assez facile à vivre et très amical. Il est affectueux avec son humain et, comme il adore l'eau, il n'hésite pas à plonger dans la baignoire pour le rejoindre !

Vous aimez les chats costauds

Les origines rustiques du Kurilian bobtail en font un chat

facile à vivre et plutôt costaud généralement. Le gène responsable de sa petite queue n'entraîne aucun risque de malformation. Il n'a besoin que d'un entretien basique, même s'il possède un poil mi-long. Comme il est d'un gabarit plutôt imposant (le mâle peut peser jusqu'à 7 kilos !), il faut penser à lui offrir de l'espace pour se défouler.

Le Munchkin à poil long

Comme différentes mutations découvertes chez d'autres chats (oreilles pliées, nudité...), les toutes petites pattes du Munchkin sont apparues spontanément chez un matou de ferme. La première chatte présentant ces caractéristiques s'appelait Blackberry et a été trouvée en 1983 en Louisiane, aux États-Unis. Elle a transmis cette caractéristique à la moitié de ses chatons. L'un de ceux-ci, Toulouse, a été un grand reproducteur. La race est officiellement reconnue en 1991.

SON APPARENCE

Tête

La tête du Munchkin à poil long est en forme de triangle adouci aux contours arrondis. Le front et le crâne sont très légèrement arrondis. Le nez est le plus souvent droit. Ses oreilles sont larges à la base, assez espacées et aux extrémités légèrement arrondies.

Yeux

De taille moyenne à grande, ses yeux sont en forme de noix. Toutes les couleurs sont acceptées sans qu'il y ait de relation entre la couleur des yeux et celle de la robe. Elle doit seulement être la plus brillante et la plus lumineuse possible.

Corps

De type semi-foreign, le corps du Munchkin est de taille moyenne, avec une ossature forte et une musculature puissante. Courtes et solides, ses pattes sont bien proportionnées avec, pour les antérieurs, un bras et un avant-bras de même longueur. Pour les postérieurs, la cuisse et le jarret sont à peu près égaux. Antérieurs et postérieurs doivent être les plus droits possible avec une ossature moyenne et une bonne musculature. Les postérieurs sont légèrement plus hauts que les antérieurs.

Queue

Épaisse à la base, la queue est de longueur moyenne et va en s'effilant vers un bout arrondi.

Robe

Mi-longue et soyeuse, la fourrure du Munchkin a relativement peu de sous-poil. Une légère collerette est acceptée. Des culottes bien fournies et une queue en panache sont appréciées. Toutes les couleurs sont acceptées.

SON CARACTÈRE

Ce chat est peut-être votre nouveau compagnon car...

Vous aimez les Teckels !

Si vous avez un faible pour les Teckels et n'êtes pas fan des Lévriers, alors le Munchkin est fait pour vous ! Ce rase-moquette a vraiment une allure particulière avec ses toutes petites pattes, qui ne l'empêchent toutefois pas de courir.

Vous avez des bibelots précieux

Vous pourrez donc les mettre en sécurité sans problème en les plaçant en hauteur ! Contrairement aux autres chats, le Munchkin n'est pas un grand adepte de l'escalade et des sauts en hauteur... vous pourrez donc garder votre collection de porcelaines à l'abri de votre matou !

Vous appréciez les chats dynamiques

Même si le Munchkin peut sembler plus fragile que les autres chats, il n'en est rien ! C'est un chat robuste, tonique, toujours prêt à courir partout ! Il est très sociable avec les autres animaux et se montre adorable avec son humain.

Le Cornish rex

Le Cornish rex est une race de chat à poil cranté originaire de Cornouailles, une région d'Angleterre où est né, en juillet 1950,

Kallibunker, un chat à fourrure d'astrakan dont descendent tous les Cornish rex d'aujourd'hui. Kallibunker est marié avec sa mère, qui donne naissance à deux chatons au poil frisé, exportés aux États-Unis après avoir eu les honneurs du magazine *Life*. Dans le même temps, en Grande-Bretagne, d'autres éleveurs s'intéressent aux Cornish rex, et les marient avec des Siamois et des Burmese.

SON APPARENCE

Tête

La tête du Cornish rex est de taille moyenne, de profil dit « romain » : deux lignes incurvées vont du sommet du crâne à la naissance du nez et de la naissance du nez jusqu'au bout de celui-ci. Ces lignes forment deux arcs convexes caractéristiques. Les oreilles sont grandes et coniques.

Yeux

Ovales et bien ouverts, les yeux, de taille moyenne, sont placés de biais. Leur couleur est conforme à celle de la robe.

Corps

De format oriental, le corps du Cornish rex est long avec une cage thoracique pleine et profonde et un dos arqué. Le train arrière, légèrement arrondi, est bien musclé. L'ossature est très fine.

Queue

La queue du Cornish rex est longue, en forme de fouet, recouverte d'une fourrure fine et si possible crantée.

Robe

Courte et très douce au toucher, sa fourrure est crantée, formant des vagues successives qui évoquent l'astrakan. Les moustaches, bien que courtes et souvent cassantes, doivent être présentes. La fourrure est composée de poil de garde, modifié au point de ressembler à du duvet, et de sous-poil. Il n'y a pas de poil de jarre entre le poil de garde et le sous-poil. La fourrure est plus courte et plus dense sur les pattes et la tête. Toutes les couleurs sont reconnues.

SON CARACTÈRE

Ce chat est peut-être votre nouveau compagnon car...

Vous aimez l'élégance

Avec son dos arqué, sa musculature sèche et son ossature raffinée, le Cornish rex a des allures de lévrier. Cette race possède l'ossature la plus fine de toute la gent féline sans pour autant être fragile. Sa fourrure crantée est extrêmement douce.

Vous appréciez les chats dynamiques

Malgré son apparence gracile et sa fourrure sophistiquée, le Cornish rex n'est pas une poupée de porcelaine : c'est un chat de caractère, athlétique et dynamique.

Vous n'êtes pas fan de toilettage

La fourrure d'astrakan du Cornish rex réduit son toilettage à la plus simple expression. Un nettoyage des oreilles avec une lotion douce une fois par semaine est suffisant !

L'American curl à poil long

La mutation responsable des oreilles pliées de l'American curl est apparue chez des chats de ferme et a été découverte en 1961. Vingt ans plus tard, en Californie en 1981, une petite chatte est recueillie par Grace et Joe Ruga. Ils considèrent d'abord ses oreilles repliées vers l'arrière comme une petite bizarrerie amusante, mais quand Sulamith donne naissance à des chatons dont certains présentent la même caractéristique, ils réalisent qu'il s'agit d'un gène dominant, qui se transmet donc à la descendance. La race est alors développée et est reconnue officiellement en 1985.

SON APPARENCE

Tête

La tête de l'American curl à poil long est de taille moyenne, triangulaire, avec un museau aux contours arrondis. Le menton est ferme. Ses oreilles sont recourbées au-dessus de la tête comme deux croissants de lune, elles forment un arc de 90° minimum et de 180° maximum vers l'arrière. Larges à la base, elles sont formées d'un cartilage rigide sur au moins un tiers de leur longueur, avec une extrémité flexible et arrondie. Les deux oreilles doivent avoir une courbure symétrique.

Yeux

Ses yeux sont modérément grands en proportion avec la tête, en forme de noix. Toutes les couleurs unies sont acceptées, les plus vives et les plus brillantes étant préférées.

Corps

Le corps de l'American curl à poil long est élégant et rectangulaire. Sa longueur est égale à une fois et demie sa hauteur au garrot. Sa musculature est longue et tonique, son ossature moyenne.

Queue

Épaisse à la base, la queue est aussi longue que le corps. Elle doit être flexible.

Robe

Sa robe est mi-longue, de texture fine, soyeuse, bien couchée sur le corps, avec peu de sous-poil. Toutes les couleurs sont acceptées.

SON CARACTÈRE

Ce chat est peut-être votre nouveau compagnon car...

Vous appréciez l'originalité

Tout comme ses cousins Highland et Scottish fold, l'American curl ne passe pas inaperçu ! Alors que les oreilles repliées vers l'avant des cousins britanniques leur donnent une tête de chouette, les oreilles repliées vers l'arrière de l'American curl lui confèrent un petit air rigolo !

Vous préférez les chats robustes

Malgré sa particularité physique, l'American curl est un chat robuste. Héritier de générations de chats de ferme américains, c'est un costaud qui ne déclare pas de problèmes de santé particuliers.

Vous aimez les belles robes

L'American curl à poil long présente une belle fourrure, sans sous-poil. Grâce à l'absence de celui-ci, elle s'emmêle peu et est facile à entretenir.

Le Korat

Le Korat descend en droite ligne de chats thaïlandais qui existaient déjà au XIIIe siècle. En effet, à cette époque, des artistes thaïlandais avaient rendu hommage aux chats de leur pays dans un manuscrit appelé *Le Livre des chats*. Un chat bleu, Si-Sawat, y était particulièrement vénéré. Il y était décrit ainsi : « Son poil est doux, aux racines de nuages et aux extrémités d'argent. [...] ses yeux brillent comme la rosée sur la feuille de lotus. » Au XIXe siècle, le roi Rama V fait ordonner une copie du *Livre des chats*, dans lequel il découvre ce beau chat bleu, auquel il donne le nom de Korat. Les premiers Korat arrivent en Angleterre à la fin du XIXe siècle, mais ils ont peu de succès, car ils sont considérés comme des Siamois bleus. Ce n'est qu'en 1959 que leur élevage débute réellement aux États-Unis, grâce à l'éleveuse Jean Johnson, qui importe deux Korat, Nara et Dara. La race est officiellement reconnue en 1966 et en 1972 en Europe.

SON APPARENCE

Tête

En forme de cœur, la tête du Korat est toute en courbes douces. Sa truffe est renflée comme celle d'un lion. Ses oreilles sont grandes, à l'extrémité arrondie, et pourvues d'une fourrure très fine à l'extérieur.

Yeux

Très grands par rapport à la tête, les yeux du Korat sont arrondis. Bien écartés l'un de l'autre, ils ont une couleur verte très lumineuse. Une couleur jaune ambre est tolérée chez les jeunes chats jusqu'à deux ans.

Corps

Le corps du Korat est tout en lignes courbes avec une poitrine bien ouverte et des hanches rondes. La croupe est arrondie. Puissant et extrêmement musclé, le Korat n'est pourtant jamais lourd.

Queue

De longueur moyenne, la queue est épaisse à la base et s'affine jusqu'à un bout arrondi.

Robe

Moyennement courte, la fourrure est bien couchée sur le corps, lustrée et satinée. De couleur bleue, elle est illuminée par des reflets dus aux extrémités argentées de chaque poil. Les reflets argentés sont plus intenses aux endroits où la fourrure est courte.

SON CARACTÈRE

Ce chat est peut-être votre nouveau compagnon car...

Vous appréciez le calme

Le Korat a conservé toutes ses caractéristiques d'origine, tant physiques que comportementales. Très affectueux et très câlin, voire fusionnel, il recherche la présence de l'homme. Il est très sensible aux ambiances : il n'apprécie pas beaucoup le bruit et déteste être dérangé. Il se comporte en conséquence : il est très discret, marche à pas feutrés et miaule tout doucement.

Vous aimez jouer

Le Korat sait parfaitement décoder les attitudes de son humain. Il est vif et joueur : il peut passer des heures à s'amuser, si son humain participe... Il est très intelligent et jouer avec lui est un vrai challenge !

Vous vivez en appartement

Le Korat est un chat plutôt casanier, et peu aventureux. Une vie en appartement lui convient parfaitement. Dans une maison, il ne s'aventure jamais très loin.

Le Nebelung

Les premiers Bleu russe, à poil court, parviennent en Grande-Bretagne vers 1860. Au début du XXe siècle, une éleveuse anglaise importe un couple, dont elle croise les chatons avec d'autres chats bleus européens. À la fin des années 1960, les éleveurs fixent la race. Une éleveuse américaine, Cora Cobb, garde des chatons de gouttière bleus à poil long. En 1986, leurs descendants sont mariés aux plus beaux Bleu russe. Quelques années plus tard, avec l'ouverture des pays de l'Est, Cora Cobb croise alors ses chats avec des Bleu russe à poil long sans origines provenant d'éleveurs russes. Fort de cette nouvelle alliance, le Nebelung est officiellement reconnu en 1997.

SON APPARENCE

Tête

Triangulaire quand elle est vue de face, la tête du Nebelung est particulièrement large au niveau des yeux. Les coins légèrement relevés de sa bouche lui donnent une expression douce, comme souriante.

Yeux

Ses yeux sont assez grands et bien espacés. Leur couleur est du vert le plus intense possible chez les adultes.

Corps

Le corps du Nebelung est long et élégant. Bien musclé et sans aucune lourdeur, il peut paraître plus robuste qu'il ne l'est en réalité en raison de la densité de sa fourrure. Son ossature est fine et sa musculature puissante.

Queue

Plutôt épaisse à la base, la queue est de longueur moyenne, et va en s'affinant jusqu'à son extrémité.

Robe

La robe du Nebelung est de longueur moyenne, sa fourrure est composée d'un sous-poil assez fin recouvert d'un poil de garde plus épais. Les mâles ont souvent une belle collerette. Des pantalons sont souhaitables ainsi que de légers plumets sur les oreilles. Les couleurs autorisées sont bleu, blanc ou noir.

SON CARACTÈRE

Ce chat est peut-être votre nouveau compagnon car...

Vous appréciez les chats cool

Même si le Nebelung a beaucoup de points communs avec le Bleu russe, il est plus sage et moins timide que son cousin à poil court. Les éleveurs ne savent pas trop comment cette différence de caractère est possible. Elle pourrait être due au gène « poil long » qui, on ne sait pas très bien pourquoi, adoucirait le caractère. Ou peut-être tout simplement grâce aux gènes de ses parents chats de gouttière américains.

Vous aimez Wagner

Le Bleu russe à poil long porte le nom de « Nebelung », parce que Cora Cobb, bien avant de penser être à l'origine d'une nouvelle race, avait donné à ses deux chats, Siegfried et Brunehilde, des noms des héros de la tétralogie de Richard Wagner, *L'Anneau du Nibelung.*

Vous n'êtes pas très toilettage

Malgré son poil long, le Nebelung ne demande pas beaucoup d'entretien, car sa fourrure forme peu de nœuds. Un brossage hebdomadaire suffit donc à entretenir son beau poil.

Le Bombay

Le Bombay doit sa création à Nikky Horner, une éleveuse américaine. Celle-ci, fascinée par la beauté de la panthère noire de Bombay, décide de créer une race de chats qui s'en rapprocherait le plus possible. À la fin des années 1950, elle croise donc un chat de gouttière noir et un Burmese zibeline. Les résultats n'étant pas très satisfaisants, elle fait alors un nouveau mariage avec un American shorthair noir. Il lui faut en tout vingt-sept portées et plus d'une centaine de chatons pour obtenir le résultat escompté, mais quel résultat !

SON APPARENCE

Tête

De taille moyenne, la tête du Bombay est arrondie. Son profil est tout en courbes avec un front bombé et un stop visiblement marqué. Le nez est légèrement busqué et renflé. Son museau est rond, court et large. Les oreilles sont de taille moyenne, larges à la base et légèrement arrondies au bout. Elles sont bien espacées et légèrement inclinées vers l'avant.

Yeux

Les yeux du Bombay sont grands, ronds et bien espacés. Leur couleur va du cuivre au doré, avec une préférence pour le cuivre.

Corps

Le Bombay a un corps compact avec une cage thoracique bien ouverte. D'un poids surprenant pour sa taille, il a les épaules et les hanches légèrement arrondies. L'ossature et la musculature sont robustes.

Queue

Elle est de longueur moyenne, jamais courte ni en fouet, et va en s'affinant jusqu'à un bout arrondi.

Robe

Elle est courte, fine, satinée et bien couchée sur le corps. La seule couleur acceptée est le noir.

SON CARACTÈRE

Ce chat est peut-être votre nouveau compagnon car...

Vous appréciez le calme

Le Bombay est un chat tranquille, au caractère égal. Il aime les ambiances paisibles et ne les trouble que rarement de son miaulement. Il est très câlin avec son humain, et adore que celui-ci le prenne dans ses bras. Son amour pour lui peut devenir exclusif : il ne faut pas l'encourager, il risquerait alors de développer des problèmes comportementaux

Vous avez déjà un chien

Le Bombay supporte assez difficilement la solitude. Il a besoin de compagnie pour s'épanouir et si son maître ne peut pas rester chez lui, un compagnon canin lui conviendra parfaitement. Il s'entend très bien avec les chiens, même mieux qu'avec ses congénères, avec lesquels il ne se montre pas toujours très patient.

Vous aimez les chats-chiens

Le Bombay est un peu « chien » : il adore rapporter les balles qu'on lui lance, se promène en laisse sans difficulté et s'adapte facilement aux changements de lieux et d'ambiance.

Le Lykoï

Le Lykoï doit son allure particulière à la mutation d'un chat de gouttière. Elle est apparue à plusieurs reprises sur les continents européen et américain, mais c'est en 2010 que les amateurs de chats se penchent sur elle. Plusieurs chats sont identifiés et différents tests sont pratiqués pour s'assurer que cette mutation ne risque pas d'entraîner des maladies. Le Lykoï a été officiellement définitivement reconnu en France en 2019.

SON APPARENCE

Tête

La tête du Lykoï, de forme triangulaire aux contours arrondis, est légèrement plus longue que large. De longueur moyenne, son museau est charnu avec des babines nues délicatement arrondies. Grandes, moyennement larges à la base et légèrement pointues à l'extrémité, ses oreilles sont placées haut sur la tête, verticales et dressées. Elles sont presque nues, l'intérieur présentant quelques poils épars sur le bord supérieur et l'extérieur.

Yeux

Les yeux du Lykoï sont assez grands, en forme de noix, de couleur or à vert ou orange, avec une préférence pour l'orange. Les bords sont nus, donnant l'apparence d'un eye-liner blanc.

Corps

Le corps du Lykoï est solide et présente une musculature d'une certaine élégance. L'ossature est moyenne.

Queue

Sa queue est plus courte que le corps et se termine en s'effilant.

Robe

La robe est courte à mi-longue et présente la particularité d'être clairsemée à partiellement nue. Le sous-poil est quasi absent. La quantité de poils couvrant le corps peut varier d'un sujet à l'autre selon sa mue, la préférence allant à une fourrure plus fournie. La texture est douce. La tête présente un masque nu, qui englobe le museau, le menton, le nez, les oreilles et les yeux. Les couleurs reconnues sont : noir, bleu, roux, crème, écaille de tortue.

SON CARACTÈRE

Ce chat est peut-être votre nouveau compagnon car...

Vous avez un faible pour les histoires de loups-garous

Avec son look unique, le Lykoï ne passe pas inaperçu ! Il est partiellement nu, surtout au niveau de la tête, ce qui lui donne une allure vraiment particulière. Son nom, « Lykoï », provient du grec ancien et signifie « loup ».

Vous aimez les chats très « chats »

Le Lykoï présente toutes les caractéristiques du chat : il est curieux, actif, adore sauter sur de grandes hauteurs, est très câlin et affectueux avec son humain… Il peut se montrer un peu timide avec les étrangers au début, mais sa curiosité prend vite le dessus.

Vous n'êtes pas très « toilettage »

Le Lykoï n'a besoin que de très peu d'entretien. Contrairement au Sphynx, sa peau ne graisse pas et il n'est donc pas nécessaire de lui donner des bains. Un nettoyage des yeux de temps en temps avec un coton imbibé d'eau tiède est nécessaire car, comme il n'a pas de cils, des saletés peuvent venir se loger dans le coin de l'œil. Enfin, même si sa mue peut être impressionnante, car il n'a pas de sous-poil, il n'est pas nécessaire de le brosser.

Le Selkirk straight

À l'origine du Selkirk, une petite chatte de gouttière au poil tout frisé trouvée en 1987 dans un refuge du Wyoming. Elle est adoptée par une éleveuse de Persans qui la baptise Miss Pesto of No Face et la fait reproduire avec ses chats. La première portée de Miss Pesto comporte trois chats frisés sur six chatons. Le Selkirk straight, la version à poil lisse, est issu obligatoirement de deux Selkirk rex ou d'un rex et d'un straight. Le Selkirk straight n'a pas hérité du gène responsable de la frisure, et ne pourra pas engendrer de chaton frisé s'il n'est pas marié à un Selkirk rex.

SON APPARENCE

Tête

La tête du Selkirk straight est ronde, large avec des contours bien arrondis. Son nez est court, large et droit. Vues de face, ses babines, bien rembourrées, donnent au museau l'aspect d'un carré adouci. Les oreilles sont moyennes, larges à la base, arrondies à l'extrémité.

Yeux

Ses yeux sont grands, arrondis et bien ouverts, avec une expression douce. Les tonalités les plus intenses et les plus brillantes sont préférées.

Corps

Le corps du Selkirk straight est rectangulaire et musclé. Ses épaules et ses hanches sont de même largeur et légèrement arrondies. L'ossature de ses pattes est robuste et la musculature puissante.

Queue

De taille moyenne, la queue du Selkirk straight est épaisse, s'effilant en un bout arrondi. Pour les poils courts, les boucles sont pelucheuses, couvrant tous les côtés. Pour les poils longs, la queue, en panache, est ébouriffée.

Robe

La fourrure du Selkirk straight est lisse. Toutes les couleurs sont reconnues.

SON CARACTÈRE

Ce chat est peut-être votre nouveau compagnon car...

Vous n'êtes pas fan des expositions

Le Selkirk straight ne peut pas concourir en championnat de France. Cette variété est essentiellement « utilisée » par les éleveurs pour apporter du sang neuf dans des lignées de Selkirk rex.

Vous aimez les chats affectueux

Le Selkirk straight est le chat idéal à câliner, et tant mieux, il adore ça ! Il est très affectueux et recherche les caresses. Le Selkirk straight aime se caler sur les genoux de son maître pour se faire caresser, mais il n'en est pas moins chat et interrompt volontiers la séance pour courir après son jouet préféré.

Vous êtes pointu en génétique

Les Selkirk se déclinent en trois « états ». Le chat homozygote n'a que des descendants frisés, quel que soit le partenaire avec lequel il est accouplé. Le chat hétérozygote a des descendants homozygotes, hétérozygotes ou straights. Enfin, le straight est obligatoirement le fruit d'un mariage de deux hétérozygotes, ou d'un mariage d'un hétérozygote et d'un straight. Un straight ne peut pas avoir de chatons frisés s'il est marié à un autre straight. Sa descendance sera entièrement frisée et hétérozygote s'il est marié à un homozygote. Sa descendance sera en partie frisée et en partie straight s'il est accouplé à un hétérozygote.

Le Burmilla

La baronne Miranda von Kirchberg, une éleveuse de Bleu russe, possédait également un Persan et une Burmese. Les deux chatons sont élevés ensemble, mais la baronne les sépare à l'âge adulte pour éviter les mésalliances. Mais ce qui devait arriver arriva... Deux mois plus tard naissent quatre femelles qui ont la morphologie de leur maman et la couleur argentée de leur papa. La baronne décide de poursuivre cette alliance et, en 1982, elle met au point un programme d'élevage pour fixer la couleur silver chez le Burmese. Elle remarie deux des chatons avec des Burmese et obtient d'excellents résultats. La nouvelle race, appelée Burmilla, est reconnue en 1997.

SON APPARENCE

Tête

De taille moyenne, la tête du Burmilla forme un triangle court, large au niveau des pommettes et se termine par un museau légèrement arrondi. Le dessus du crâne est large et légèrement bombé. Le front est légèrement arrondi. Le nez présente un stop net puis se termine droit. De taille moyenne, les oreilles sont placées bien écartées. Larges à la base, leur extrémité est arrondie. Elles sont légèrement pointées vers l'avant.

Yeux

Grands, ses yeux sont bien espacés l'un de l'autre. La couleur des yeux du Burmilla est particulièrement vive et lumineuse.

Toutes les nuances de jaune à vert sont acceptées, l'or étant préféré chez les chats à robe unie et le vert chez les silver.

Corps

Le corps du Burmilla est de longueur et de taille moyenne, ferme et musclé au toucher, plus lourd qu'il ne paraît. Son poitrail est fort et arrondi de profil. Son dos est droit.

Queue

Moyennement épaisse à la base, sa queue va en s'effilant jusqu'à un bout arrondi. De longueur moyenne, elle atteint les épaules lorsqu'elle est ramenée le long du corps.

Robe

Presque sans sous-poil, la fourrure du Burmilla est courte, fine, brillante et bien couchée sur le corps. Le Burmilla est de couleur silver ou golden shaded. La robe est unie avec une couleur uniquement présente sur l'extrémité des poils.

SON CARACTÈRE

Ce chat est peut-être votre nouveau compagnon car...

Vous aimez les chats toniques...

Le Burmilla est le résultat du croisement du Persan et du Burmese. Côté caractère, il a clairement pris de la branche Burmese ! Sans être aussi tonique que ses cousins Siamois et Orientaux, il a son petit caractère.

… mais vous appréciez aussi les câlins !

Même si le Burmilla est un chat assez tonique, il est très proche de son humain et peut réclamer ses caresses à cor et à cri !

Vous êtes peu absent

Le Burmilla reste difficilement seul. Il a besoin de la présence de ses humains et supporte donc mal la solitude. Si vous devez vous absenter, il est préférable de lui offrir la compagnie d'un autre chat.

Le Donskoy

En Russie, en février 1986, Elena Kovaleva recueille un chaton de gouttière de trois mois environ, qu'elle nomme Varvara. Le chaton est en pleine forme, si ce n'est qu'à partir de quatre mois, il se met à perdre ses poils. Elena consulte différents vétérinaires, mais rien n'explique cette perte de poils qui s'étend de plus en plus. Assez rapidement, Varvara apporte à Elena une portée de quatre chats, qui présentent tous une dépilation totale, ce qui signifie que l'apparence de Varvara est liée à un gène et non à une maladie. Le gène responsable de la nudité du Donskoy est dominant : la race a donc été facilement fixée en mariant les descendants de Varvara.

SON APPARENCE

Tête

Le Donskoy présente une tête aux pommettes saillantes, avec des rides sur le front, qui s'atténuent au-dessus des yeux. Son museau est court et arrondi. Son profil est presque droit, avec un nez moyennement long. Il présente de grandes oreilles, légèrement arrondies au bout.

Yeux

Les yeux du Donskoy sont légèrement en amande, placés de biais. Ils sont d'une couleur en accord avec celle de la robe.

Corps

Son corps est bien construit, musclé et élégant. Ses pattes sont longues et musclées.

Queue

La queue du Donskoy est fine et élégante.

Robe

Quatre types de nudité ou de pilosité sont admis :

Nu : né nu, le chat le restera toute sa vie. La peau est glabre et élastique, avec un toucher qui évoque un peu le caoutchouc.

Flock : né nu mais avec un toucher qui évoque la peau de chamois, le duvet est si court qu'il n'est pas visible.

Velours : né poilu avec une tonsure sur la tête, les poils sont ondulés sur le corps et disparaissent dans les deux premières années. Des zones poilues peuvent subsister sur la tête, les pattes et la queue.

Brush: né poilu, le poil est hérissé, doux ou ondulé et reste présent sur tout le corps, avec des zones nues (tête, cou, dos).

Toutes les couleurs sont autorisées.

SON CARACTÈRE

Ce chat est peut-être votre nouveau compagnon car...

Vous êtes passionné de félinotechnie

Le Donskoy est une race très récente en France : elle ne comptait aucune naissance en 2003 ! De 2008 à 2019, sa population est passée de 6 à 34 naissances dans l'Hexagone.

Vous aimez les chats étranges

Le Donskoy, comme le Sphynx ou le Peterbald est un chat nu qui possède un look vraiment particulier ! Il présente parfois un léger duvet, qui peut s'épaissir en hiver. Mais son look n'entame en rien son caractère agréable, car c'est un chat qui s'entend bien avec tout le monde : adultes, enfants, chiens, chats...

Vous aimez baigner votre chat

Comme tous les chats nus, le Donskoy a besoin de prendre régulièrement un bain, pour débarrasser sa peau de l'accumulation de sébum. Il est également possible de le nettoyer avec un gant de toilette. Cette opération doit être réalisée toutes les trois semaines environ.

Le Pixie bob

En 1985, une Américaine, Carol Ann Brewer, va chercher un chaton dans une ferme. Celui-ci, particulièrement costaud, la queue très courte, a un look unique. Plus tard, Carol Ann Brewer apprend que, sur la côte ouest, des chats ayant la même allure sont signalés, nés de chattes de compagnie et de pères inconnus... Elle décide d'en adopter deux et fait naître une petite chatte, qu'elle appelle Pixie. Atteinte par le virus de l'élevage, Carol Ann Brewer continue ses sélections et réussit à avoir un cheptel suffisant pour faire officialiser la naissance d'une nouvelle race, le Pixie bob, en 1998.

SON APPARENCE

Tête

La tête du Pixie bob est de taille moyenne à grande. Son museau est bien marqué. Son nez est gros, légèrement busqué, et forme une petite bosse. La truffe rouge brique est particulièrement large. Ses oreilles sont larges à la base et munies d'un petit plumet à leur extrémité.

Yeux

Le maquillage des yeux du Pixie bob est formé d'une bande crème qui entoure l'œil et de lignes de mascara qui prolongent le coin externe de l'œil jusqu'aux joues. La couleur d'yeux préférée va du doré au noisette.

Corps

De format long et puissant, le corps est de taille moyenne à grande.

Queue

La queue du Pixie bob est courte : de 5 centimètres à la longueur du jarret quand le chat est debout.

Robe

La fourrure sur la tête et la face est très touffue, avec des sourcils épais et un sens de pousse vers le bas. Seule la couleur brown spotted tabby est acceptée.

SON CARACTÈRE

Ce chat est peut-être votre nouveau compagnon car...

Vous aimez les gros chats

La sélection du Pixie bob avait pour but de créer une race de chats dont l'apparence serait la plus près possible du bobcat, un chat sauvage américain, mais dont le caractère serait tout doux... Et c'est réussi ! En effet, le Pixie bob, avec son physique de gros matou qui peut atteindre les 10 kilos sans problèmes, est une crème par ailleurs ! C'est un chat très gentil, au comportement qui s'apparente un peu à celui du chien. Il est très proche de ses maîtres et ne montre jamais d'agressivité.

Vous n'êtes pas fan de bibelots

Dans la maison, le Pixie bob est une tornade ! Gare aux bibelots fragiles, car il n'a pas la délicatesse de certains chats qui sont capables de monter sur une étagère et d'y jouer les équilibristes entre les objets précieux sans jamais en effleurer un...

Vous n'êtes pas trop à cheval sur le ménage

L'entretien du Pixie bob n'est pas très compliqué, mais il faut tout de même le toiletter régulièrement, surtout pendant la période de mue, car ses poils sont très volatils. Il en perd donc beaucoup à cette période, qui vont se déposer un peu partout dans la maison s'il n'est pas brossé souvent.

Le Turc de Van

Comme son nom l'indique, ce chat est originaire de la région du lac de Van, en Turquie, pas très loin de la frontière irakienne. Ses origines sont dans doute assez proches de celles de l'Angora turc, mais il est moins connu que celui-ci. Le Chat turc du lac de Van, aussi appelé Turc de Van ou Turkish Van, n'a été introduit en Grande-Bretagne que dans les années 1960, alors que son illustre cousin était connu en Europe depuis le XVIIe siècle. C'est Laura Lushington qui importe les premiers sujets, mais ils ne font pas véritablement sensation. La race a été officiellement reconnue en 1969. Ce sont finalement les États-Unis qui ont développé la race. La Turquie, consciente de l'importance de cette race de chats qui fait partie intégrante de son patrimoine, a décidé de le protéger et réglemente très strictement son exportation.

SON APPARENCE

Tête

Légèrement plus longue que large, la tête, vue de face, forme un triangle aux contours arrondis. Elle est plus large chez les mâles que chez les femelles. Les pommettes sont hautes et légèrement saillantes. Bien dessiné, le museau est arrondi et bien proportionné avec le reste de la tête. De taille moyenne à grande, les oreilles sont placées assez haut sur la tête sans pour autant être verticales. Larges à leur base, leur extrémité est arrondie. L'intérieur des oreilles est bien fourni de poils.

Yeux

Grands et expressifs, les yeux en forme de noix sont légèrement placés de biais. Ils sont de préférence bleus, or ou impairs, de la nuance la plus uniforme et intense possible.

Corps

De format long et puissant, le corps est long, grand et fort. La musculature puissante et arrondie se devine sous la fourrure. La poitrine est particulièrement développée, large et ouverte.

Queue

De longueur moyenne, la queue bien fournie est portée en panache.

Robe

De longueur moyenne, la robe a une texture douce comme du cachemire avec le moins de sous-poil laineux possible. Le Turc de Van est blanc avec deux flammes rousses ou crème sur la tête et la queue entièrement colorée.

SON CARACTÈRE

Ce chat est peut-être votre nouveau compagnon car…

Vous aimez l'amour exclusif

Le Turc de Van est resté pendant des années à l'écart des hommes, vivant presque à l'état sauvage. Son caractère est donc peut-être un petit peu plus sauvage que celui d'autres chats, mais il n'en est pas moins un compagnon affectueux et doux. Il a juste besoin d'être mis en confiance par son maître. C'est même un chat qui peut se montrer assez exclusif, une fois qu'il est en confiance. Un peu timide, il n'apprécie pas forcément les étrangers et n'est pas toujours très amical avec les autres chats. Mais très affectueux avec son maître, il adore les séances de câlins et de caresses comme les parties de jeux. Plutôt espiègle, il s'adapte à la vie en appartement, où il alterne farniente et embuscades.

Vous vivez près de l'eau

Le Turc de Van a gardé de ses origines un goût prononcé pour l'eau et la pêche. Il apprécie donc tout particulièrement d'avoir de l'eau à proximité… Ce sportif, qui chasse et pêche avec un bel enthousiasme, sera plus heureux s'il peut profiter d'un jardin.

Les longues séances de brossage ne vous font pas peur

Le Turc de Van a une fourrure très particulière, héritée de l'époque où il vivait à l'état sauvage en Turquie. L'hiver, sa fourrure est dense et épaisse, lui permettant de lutter avec efficacité contre le froid. L'été, elle tombe et le chat ne conserve que son sous-poil, court... La période de la mue est donc particulièrement spectaculaire chez lui ! Il nécessite alors un brossage quotidien pour éliminer les poils morts.

Le Toyger

Le Toyger a été développé par la fille de Heather Mills, l'éleveuse à l'origine du Bengal. Judy Sudgen constate que son chat, Millwood Sharp Shooter, possède deux spots de marque tabby sur la tempe. Elle pense alors pouvoir développer, à partir de cette caractéristique, une race de chats qui porteraient les mêmes marques que les tigres. Les deux chats fondateurs de la race Toyger sont un chat domestique, Scrapmetal, et un Bengal à ossature robuste, Millwood Rumpled Spotskin. Puis, en 1993, Judy importe Jammu Blu, un chat des rues du Cachemire, porteur de caractéristiques intéressantes. Le premier Toyger arrive en France en 2009.

SON APPARENCE

Tête

Le Toyger a une tête de taille moyenne, longue, large et haute. Tous ses contours sont arrondis. Ses oreilles sont petites et arrondies. Son museau présente des contours ronds bien définis, donnant une impression de puissance.

Yeux

Ses yeux sont petits à moyens, arrondis, placés en biais dans l'axe de la base de l'oreille. Une couleur intense est préférée.

Corps

Le corps du Toyger est long et puissant. Son ossature est très forte, robuste, jamais délicate. Sa musculature présente une apparence très musclée et athlétique, particulièrement chez les jeunes mâles.

Queue

Sa queue, portée basse, est très longue et épaisse, arrondie à son extrémité.

Robe

Sa fourrure est courte, épaisse, luxuriante et étonnamment douce. Des marques tabby très foncées sur un fond de robe roux chaud sont préférées. Les poils formant les motifs sont préférés uniformément foncés. Le contraste doit être très important entre les motifs tabby et la couleur de fond. Les rayures doivent être généralement alignées verticalement avec des marquages en cercle sur le cou, les pattes et la queue.

SON CARACTÈRE

Ce chat est peut-être votre nouveau compagnon car...

Vous aimez les tigres

Victor Hugo a dit : « Dieu a inventé le chat pour que l'homme ait un tigre à caresser chez lui. » Avec le Toyger, vous aurez les deux à la maison ! Le Toyger possède une allure frappante, avec ses rayures de grand chat...

Vous avez un faible pour les chats costauds

Le Toyger n'est pas un grand chat, mais il est robuste : musculature, ossature, il est plutôt trapu et puissant.

Vous favorisez les relations intenses

Avec le Toyger, pas question d'indépendance boudeuse ! C'est un chat très proche de son humain, très sociable. Il apprécie la compagnie de tous, humains comme autres animaux.

Le Singapura

Le Singapura est, comme son nom l'indique, originaire de Singapour, où il vit à l'état semi-sauvage. En 1974, Hal et Tommy Meadows, deux touristes américains, remarquent ce chat et, séduits, ramènent chez eux trois sujets. Lors de leurs premières apparitions aux États-Unis, les Singapura remportent un vif succès. Les éleveurs Tord et Susan Svenson reprennent alors le flambeau et obtiennent, en 1984, la reconnaissance de la race par les grandes fédérations félines américaines. En relation avec le Singapura Cat Club local, ils réussissent à importer d'autres chats qui, mariés à des Burmese, sont à l'origine de presque tous les Singapura d'aujourd'hui.

SON APPARENCE

Tête

Ronde et plutôt petite, la tête du Singapura montre, de face, un crâne arrondi prolongé par des pommettes hautes et larges. De profil, le front est légèrement bombé, tout comme le nez. Ses oreilles sont grandes, en alerte et modérément pointues.

Yeux

Les yeux du Singapura sont grands et très expressifs, largement ouverts et en forme de noix. Bien espacés l'un de l'autre, la couleur préférée est le vert dans toutes ses nuances.

Corps

Le corps du Singapura est compact avec une cage thoracique bien ouverte et arrondie.

Queue

Idéalement assez longue pour atteindre l'omoplate, la queue du Singapura est légèrement épaisse à la base et s'effile jusqu'à une extrémité arrondie.

Robe

Fine, soyeuse et sans sous-poil, la fourrure du Singapura est bien couchée sur le corps. Courte, elle doit cependant avoir une longueur suffisante pour que chaque poil présente plusieurs bandes alternées, claires et foncées, appelées ticking. Le fond de robe est de couleur vieil ivoire. Le ticking, les marques de maquillage, les coussinets, et l'extrémité de la queue sont brun foncé ou noirs.

SON CARACTÈRE

Ce chat est peut-être votre nouveau compagnon car...

Vous aimez les petits formats

Le Singapura est réputé pour être la plus petite race de chat connue. Mais son petit format ne l'empêche pas de développer une force impressionnante, grâce à une forte musculature.

Vous aimez jouer à cache-cache

Le Singapura est un petit curieux, qui adore se fourrer dans des endroits impossibles, histoire de voir ce qu'il s'y passe ! Son humain peut donc passer quelque temps à le chercher. Pour sa sécurité, mieux vaut garder un œil sur lui, car il est capable de se retrouver enfermé dans un placard.

Vous vivez entouré

Le Singapura est un chat très sociable, qui s'entend bien avec tout le monde, les autres chats, les chiens, les humains petits ou grands... Il accueille volontiers les visiteurs à la porte et aime être au centre de l'attention.

Le Burmese américain

Le Burmese est originaire du Sud-Est asiatique, et Wong Mau est le premier Burmese connu en Occident. Cette petite chatte est ramenée en Amérique en 1930 par le major Thomson qui la croise avec un Siamois. À la fin des années 1950, des Burmese sont importés en Grande-Bretagne où les éleveurs continuent à les marier avec des Siamois, en développant de nombreuses couleurs. En revanche, aux États-Unis, ces croisements ne sont plus acceptés, et une seule couleur y est reconnue, sable. Dans les années 1970, le type du Burmese américain est accentué, vers un chat à la tête arrondie, au front bombé et au corps très court. Les deux variétés sont maintenant tellement différentes qu'elles peuvent être considérées comme deux races à part entière.

SON APPARENCE

Tête

De taille moyenne, la tête du Burmese américain est arrondie, son profil est tout en courbes avec un front bombé et un stop visiblement marqué. Son museau est rond, court et large. Ses oreilles sont de taille moyenne, larges à la base et légèrement arrondies au bout, bien espacées et légèrement inclinées vers l'avant.

Yeux

Ses yeux sont grands, ronds, avec une couleur qui va de l'or au jaune, avec une préférence pour l'or.

Corps

Le corps du Burmese américain est compact, avec une cage thoracique bien ouverte. D'un poids surprenant pour sa taille, il a les épaules et les hanches légèrement arrondies. Son ossature et sa musculature sont robustes, ses membres sont de taille moyenne.

Queue

De longueur moyenne, jamais courte ni en fouet, sa queue va en s'affinant jusqu'à un bout arrondi.

Robe

Courte, fine, la robe du Burmese américain est bien couchée sur le corps et satinée. La couleur de la robe (noir, bleu, chocolat, lilas) s'intensifie vers les extrémités des pattes, de la queue, du masque et des oreilles, qui sont plus foncées (motif sépia).

SON CARACTÈRE

Ce chat est peut-être votre nouveau compagnon car...

Vous appréciez le calme

Le Burmese américain est un chat calme, bien plus que son cousin anglais. C'est un chat facile à vivre, qui aime les moments de câlins avec son humain.

Vous aimez jouer

Le Burmese américain fait preuve d'un tempérament très joueur quand il a envie de se défouler. Dans ce cas, il est capable de se lancer dans de grandes parties de course-poursuite avec son humain.

Vous avez besoin d'affection

Le Burmese américain est totalement orienté vers les gens. Si vous n'aimez pas passer du temps avec un félin qui veut superviser ce que vous faites, interagir avec vous, exiger régulièrement de l'affection et discuter avec vous (d'une voix très douce) de vos activités quotidiennes respectives, alors ce n'est pas un chat pour vous.

Le Balinais

Depuis toujours, les éleveurs savaient que des chatons à poil mi-long naissaient dans des portées de Siamois. Ils n'étaient pas bien vus, soupçonnés d'être le résultat de mésalliances. Ils n'étaient donc pas officiellement reconnus et bien souvent discrètement placés. Mais, dans les années 1950, deux éleveuses américaines, l'une sur la côte ouest, l'autre sur la côte est, décident de développer cette variété. C'est l'une d'elles, Helen Smith, qui baptise la race « Balinais », trouvant ce nom plus évocateur de la grâce du félin que « Siamois à poil long »... Le Balinais est officiellement reconnu en 1970, mais n'arrive en France qu'en 1983. Il est encore méconnu dans notre pays, moins de trois cents sujets vivent actuellement en France.

SON APPARENCE

Tête

La tête du Balinais est de taille moyenne, longue et triangulaire. Son crâne et son front sont plats ou légèrement arrondis. Les oreilles sont grandes, larges à la base, bien espacées, dans le prolongement du triangle de la tête.

Yeux

De taille moyenne, les yeux du Balinais sont de forme orientale. Ils sont en amande et bien espacés, inclinés vers le nez en harmonie avec le triangle de la tête. Leur couleur est du bleu le plus intense possible.

Corps

Le corps du Balinais est long et ferme. Il est athlétique et élancé avec une musculature ferme et souple. Ses épaules et ses hanches sont de même largeur. L'ossature est fine.

Queue

Longue et fine, la queue du Balinais est fournie et portée avec légèreté.

Robe

Le poil du Balinais est mi-long, toutes les couleurs colourpoint sont acceptées.

SON CARACTÈRE

Ce chat est peut-être votre nouveau compagnon car...

Vous êtes souvent chez vous

Le Balinais tient de son proche cousin le Siamois un caractère de chat-chien : très proche de son humain, il supporte mal la solitude. Il peut miauler de façon insistante s'il considère qu'on ne lui consacre pas assez d'attention. Mieux vaut donc ne pas être parti de longues heures dans la journée ! Assez possessif, il en devient parfois un peu « collant », à toujours vouloir être au plus près de son humain. Il adore les câlins et ne se lasse pas de se faire caresser.

Vous aimez les chats toniques

Plutôt actif, le Balinais est curieux et très joueur : il peut passer des heures à faire des parties de cache-cache ! C'est un chat sociable, qui vient volontiers vers les visiteurs de la maison. Plutôt bavard, il a toutefois une voix un peu moins forte et moins rauque que son cousin Siamois. De même, il est un peu plus calme que celui-ci.

Vous n'êtes pas très « brossage »

Bien qu'il ait le poil mi-long, le Balinais n'a pas un entretien très contraignant. En effet, comme il n'a pas de sous-poil, il présente peu de bourres. Il suffit donc d'un bon coup de brosse, une fois par semaine, pour garder à sa fourrure toute sa superbe.

Le Tonkinois

Le Tonkinois est le résultat de mariages entre le Siamois et le Burmese, deux races autrefois très proches, et qui vivent dans les mêmes régions. Pendant longtemps, le Tonkinois a été considéré comme une variante de couleur du Siamois. Les évolutions morphologiques de ce dernier et du Burmese sont tellement différentes qu'il devient difficile d'obtenir des Tonkinois avec une apparence stable. Les mariages entre Tonkinois ont donc été autorisés, et les chatons aux yeux bleus sont reconnus. Le Tonkinois devient ainsi une race à part entière.

SON APPARENCE

Tête

La tête du Tonkinois est en forme de triangle aux contours adoucis. De profil, le crâne et le front sont légèrement bombés et prolongés par un léger stop au niveau du nez. Ses oreilles, de taille moyenne, larges à la base et arrondies à l'extrémité, sont placées à égale distance des côtés et du sommet de la tête.

Yeux

En forme de noix, ses yeux sont implantés légèrement de biais. Ils peuvent être de couleur aigue-marine chez les mink, bleu pâle à bleu violet chez les colourpoint, or à vert chez les sépia. Les tonalités les plus brillantes, profondes et uniformes sont préférées.

Corps

Le corps du Tonkinois, de taille moyenne, est très musclé mais sans lourdeur. Ses pattes sont plutôt fines

Queue

De taille moyenne, sa queue va en s'effilant jusqu'à une extrémité légèrement arrondie.

Robe

Particulièrement douce au toucher, sa robe est courte, dense, soyeuse et près du corps. Elle peut être sépia, mink ou colourpoint.

SON CARACTÈRE

Ce chat est peut-être votre nouveau compagnon car...

Vous aimez les chats toniques

Le Tonkinois est un chat plutôt remuant : il est très actif, et cherche toujours quelque chose à faire, quelque coin à explorer. Il possède un tempérament d'explorateur et pour son bonheur, mieux vaut qu'il dispose d'une grande maison ou d'un jardin : il serait, à coup sûr, malheureux dans un appartement exigu.

Vous êtes bricoleur

Si vous habitez dans une maison et que votre Tonkinois a la possibilité de sortir, il serait prudent de sécuriser le jardin et sa clôture. Il a en effet une petite tendance à fuguer, histoire de voir si l'herbe est plus verte de l'autre côté du pré !

Vous n'êtes pas très déco

Le tempérament plutôt explosif du Tonkinois est malheureusement souvent assez néfaste aux rideaux, nappes ou dessus de canapés... Son grand plaisir est de s'y faire les griffes et, surtout, de les escalader ! Pour éviter de retrouver votre maison sens dessus dessous à chaque absence, coupez régulièrement les griffes de votre chat.

Le Mandarin

Tout comme le Balinais est la version à poil long du Siamois, le Mandarin est la version à poil long de l'Oriental. L'histoire du Mandarin commence avec celle du Siamois, à son arrivée en Grande-Bretagne. Parmi les Siamois importés à la fin du XIXe siècle, certains chats ne portaient pas les marques du Siamois, plus foncées sur les extrémités du corps, mais étaient de couleur unie, noir, bleu ou chocolat aux yeux verts. Ces chats ne rencontrent pas le succès de leurs cousins et dans les années 1920, la sélection de cette variété est abandonnée. Mais, à la fin des années 1950, certains éleveurs décident de reconstituer la variété unicolore du Siamois, en croisant des Siamois avec des chats à poil court. Le résultat de ces croisements est des Orientaux aux couleurs unies (chocolat, blanc et bleu). Dans les portées de ces chats naissent parfois des chats à poil long, tout comme des

Siamois à poil long apparaissaient de temps en temps. Les éleveurs d'Orientaux décident donc, dans les années 1970, de sélectionner ce chat pour en faire une nouvelle race, le Mandarin.

SON APPARENCE

Tête

Vue de face, la tête du Mandarin, de taille moyenne, est longue et triangulaire. Le crâne et le front sont plats ou légèrement arrondis. Les oreilles sont grandes, larges à la base, bien espacées, dans le prolongement du triangle de la tête.

Yeux

De taille moyenne, les yeux du Mandarin sont de forme orientale. En amande et bien espacés, ils sont inclinés vers le nez en harmonie avec le triangle de la tête. La couleur des yeux est du vert le plus intense possible.

Corps

Il est long, tubulaire et ferme. Il est athlétique et élancé avec une musculature ferme et souple. Les épaules et les hanches sont de même largeur. L'ossature est fine.

Queue

En harmonie avec la longueur du corps et la hauteur des pattes, la queue du Mandarin est longue et fine, fournie et portée avec légèreté.

Robe

Très courte, très serrée, lustrée, la fourrure du Mandarin est bien couchée sur le corps. La texture en est fine et soyeuse. Toutes les couleurs sont acceptées, sauf les motifs colourpoint, mink et sépia.

SON CARACTÈRE

Ce chat est peut-être votre nouveau compagnon car...

Vous aimez les chats de caractère

Comme ses cousins le Siamois et l'Oriental, le Mandarin a un caractère bien affirmé, mais un peu plus mesuré. Comme eux, il a une voix forte et on ne peut pas l'ignorer lorsqu'il manifeste son mécontentement ! C'est un chat très présent, qui requiert beaucoup d'attentions et de câlins. Il est très affectueux et très proche de son humain qu'il ne lâche pas d'une semelle.

Vous êtes prêt à tout pour votre chat

S'il devait rester trop longtemps seul, il faudrait procurer au Mandarin des jeux ou lui proposer un compagnon. Car un Mandarin qui s'ennuie a quelque peu tendance à le faire remarquer, et pas forcément de la manière la plus agréable qui soit pour les rideaux, les pieds de fauteuils et les dessus de canapé !

Votre vivez dans une maison

Bien que le Mandarin soit un chat doté d'une magnifique robe, il a besoin de se dépenser. Il peut donc avoir accès à l'extérieur, sans excès toutefois : ce n'est pas un grand rustique.

Le Havana brown

Comme d'autres chats du Sud-Est asiatique, le Havana est arrivé à la fin du XIXe siècle en Europe, où sa couleur chocolat uni fait sensation. Mais il subit la concurrence du Siamois et est alors délaissé au profit de celui-ci, plus spectaculaire avec ses yeux bleus. Pourtant, certains éleveurs n'ont pas voulu renoncer à lui et ont procédé à des mariages entre des Siamois chocolat et des chats domestiques noirs pour retrouver sa magnifique teinte unie. Les éleveurs américains semblant plus intéressés par la race, les premiers Havana quittent la Grande-Bretagne pour les États-Unis en 1956 où la race est reconnue en 1964.

SON APPARENCE

Tête

La tête du Havana brown est bien proportionnée par rapport à son corps. De profil, le front est plat, et le stop bien marqué. Des bajoues sont autorisées chez les mâles. Le museau est très carré avec des pâtons bien définis et un menton ferme et puissant. Ses oreilles sont grandes et arrondies à leur extrémité, bien espacées l'une de l'autre. De profil, elles sont légèrement dirigées vers l'avant, ce qui donne au chat un air toujours en alerte. Elles sont très peu fournies de poils.

Yeux

Ovales, les yeux du Havana brown sont grands, bien ouverts, mais pas globuleux. La seule couleur autorisée est le vert, à condition qu'il soit lumineux et uniforme.

Corps

Le corps du Havana brown est rectangulaire et bien musclé. Ses pattes sont longues pour la taille du chat, élégantes, mais avec une ossature robuste. Ses pieds sont ovales.

Queue

Sa queue est de longueur moyenne, assez fine, étroite à la base et se termine par une extrémité effilée.

Robe

Courte, douce et soyeuse, sa fourrure est parfois un peu plus dense sur les flancs. La couleur (chocolat ou lilas) doit être la plus profonde et uniforme possible, sans poils blancs ni marques tabby.

SON CARACTÈRE

Ce chat est peut-être votre nouveau compagnon car...

Vous aimez aussi les chiens

Comme les autres chats asiatiques, le Havana Brown possède un caractère assez extraverti, toutefois sans l'exubérance de ses cousins Siamois. Les Américains disent de lui que c'est un chat-chien. Il prend en effet autant de place qu'un toutou dans la maison, acceptant même de se promener en harnais. Tout est bon pour le Havana à condition que son humain soit avec lui.

Vous appréciez les chats attachants

Véritable « pot de colle », le Havana brown a tendance à se montrer un peu exclusif avec son humain, même la nuit : il n'entend généralement pas dormir seul et vient se faufiler en douce sous les couvertures !

Vous n'êtes pas fan des visites chez le véto

Le Havana brown, avec sa fourrure courte et serrée, ne requiert pas de soins compliqués. Il ne présente pas de problèmes de santé particuliers non plus : c'est un chat simple et costaud qui atteint facilement un âge avancé sans voir le vétérinaire.

L'American shorthair

L'American shorthair est aux États-Unis ce que le British shorthair est à la Grande-Bretagne ou l'Européen à la France : un « chat du terroir amélioré ». Présent sur le territoire américain depuis le XVIIIe siècle et l'arrivée des premiers migrants, il s'est adapté au climat et a développé une apparence robuste. La race est reconnue officiellement en 1966. Au début, quelques croisements ont été autorisés avec le British, le Burmese et le Persan, mais ils sont bien sûr maintenant interdits.

SON APPARENCE

L'American shorthair présente une tête de taille moyenne par rapport à son corps. Ses joues sont bien pleines et son nez est moyennement court. Ses oreilles sont de taille moyenne, bien espacées et légèrement arrondies au bout.

Yeux

Ses yeux, de taille moyenne à grande, sont arrondis, de couleur uniforme.

Corps

Le corps de l'American shorthair est rectangulaire et puissamment construit. Ses pattes sont dotées d'une ossature robuste et d'une musculature puissante.

Queue

Épaisse à la base et de longueur moyenne, la queue de l'American shorthair va en s'affinant légèrement jusqu'à un bout arrondi.

Robe

Courte et régulière, sa fourrure est dense et bien lustrée. Toutes les couleurs sont autorisées, sauf celles basées sur chocolat, lilac, cinnamon et fawn.

SON CARACTÈRE

Ce chat est peut-être votre nouveau compagnon car...

Vous aimez les chats « nature »

L'American shorthair est un chat « brut de pomme » : il n'a connu que peu d'évolution depuis l'arrivée des premiers spécimens aux États-Unis. C'est donc un félin plutôt rustique, tant dans son apparence que son caractère.

Vous appréciez les chats « doudous »

L'American shorthair est un chat tout en rondeur et en douceur. Son poil épais et son physique rond en font le chat idéal pour cocooner !

Vous avez d'autres chats

L'American shorthair est le chat parfait des grandes maisonnées avec des enfants, d'autres chats, des chiens... Il s'entend bien avec tout le monde ! Toutefois, il ne faut pas pousser le bouchon trop loin et le mettre en compagnie de petits rongeurs de compagnie : son instinct de chasse risquerait de leur être fatal !

Le Peterbald

L'histoire du Peterbald commence en 1994 à Saint-Pétersbourg. Une éleveuse, Olga Mironova unit un mâle Donskoy, et une chatte Oriental. Son idée était de combiner la grâce et l'élégance de l'Oriental avec la peau de pêche du Donskoy et de mettre ainsi en valeur la morphologie et le type Oriental. Petit à petit, les mariages avec les Donskoy sont interdits pour ne plus autoriser que ceux avec des Siamois et des Orientaux. Un premier standard est rédigé en 1996.

SON APPARENCE

Tête

Vue de face, la tête du Peterbald, de taille moyenne, est longue et triangulaire. Son crâne et son front sont plats ou légèrement arrondis. Les joues sont plates, avec des bajoues chez certains mâles adultes. Son nez est long et droit. Ses mâchoires sont moyennes, avec un menton ferme. Ses oreilles sont grandes, larges à la base, bien espacées, prolongeant le triangle de la tête.

Yeux

De taille moyenne, les yeux du Perterbald sont de forme orientale. En amande et bien espacés, ils sont inclinés vers le nez. Leur couleur est du bleu le plus intense possible chez les chats de catégorie point, et du vert le plus intense possible chez les chats de catégorie traditionnelle.

Corps

De type oriental et de taille moyenne, son corps est long et ferme, très dense. Il est athlétique et élancé avec une musculature ferme et souple. Les épaules et les hanches sont de même largeur. L'ossature est fine.

Queue

Elle est en harmonie avec la longueur du corps.

Robe

Il existe quatre variétés de robes chez le Peterbald :

Variété nue : la peau est élastique et entièrement nue, avec un toucher qui évoque celui du caoutchouc. Les moustaches sont souvent absentes.

Variété « velours » : la peau est recouverte d'un poil très court, dont le toucher va de la peau de chamois à un velours ras. Il y a souvent un poil un peu plus long aux extrémités. Les moustaches sont frisées et cassées.

Variété « brush » : le poil est court, bouclé et dur, parfois épars sur le corps. Les moustaches sont frisées et cassées.

Variété à poil non muté : ces chats sont réservés à l'élevage et ne peuvent pas concourir en exposition.

SON CARACTÈRE

Ce chat est peut-être votre nouveau compagnon car...

Vous êtes fan d'originalité

Le Peterbald possède un look unique ! Il a le physique du Siamois ou de l'Oriental, combiné avec un duvet très fin ou un poil très particulier. Il existe en effet trois variétés de Peterbald. Les nus, dont la peau est glabre et élastique, les velours, dont la peau est recouverte d'un duvet très court, et les brush, dont le poil est court, bouclé et dur.

Vous vivez en appartement

Le Peterbald, comme tous les chats nus, n'est pas vraiment un chat d'extérieur. Il n'est pas protégé des agressions extérieures par un pelage dense comme les chats de gouttière. De plus, il est plus sensible aux températures extrêmes, ne bénéficiant pas de l'isolation de son poil.

Vous aimez donner des bains

Le Peterbald transpire beaucoup, il faut donc le baigner régulièrement. Il produit beaucoup de sébum, qu'il faut donc éliminer avec un shampooing adapté.

L'Ocicat

En 1964 Mrs Daly, une éleveuse américaine, décide de marier un de ses Siamois avec une femelle Abyssin pour tenter d'introduire la couleur unique de ce dernier chez les Siamois. Le résultat n'est pas du tout celui escompté, mais ne manque pourtant pas d'intérêt : le chaton est tout tacheté et rappelle l'ocelot, un chat sauvage d'Amérique. Un généticien, le docteur Clyde Keeler, a vent de cette naissance et demande à Mrs Daly de reproduire le croisement qu'elle a déjà effectué, dans l'idée de créer une nouvelle race de chats qui auraient l'apparence sauvage. Les chatons de Mrs Daly sont ensuite croisés à des American shorthair, pour leur donner la musculature et le squelette puissant qui évoquerait le chat sauvage. L'Ocicat est né !

SON APPARENCE

Tête

En forme de triangle adouci, la tête de l'Ocicat présente des contours arrondis avec des pommettes marquées. Large et bien marqué, son museau est assez carré. Ses oreilles sont de taille moyenne et dotées d'un plumet.

Yeux

Ovales, les yeux de l'Ocicat sont grands et placés légèrement de biais. Ils sont bien espacés l'un de l'autre. Toutes les couleurs, sauf le bleu, sont acceptées sans relation entre la couleur des yeux et celle de la robe, mais la couleur la plus uniforme possible est souhaitée.

Corps

Son corps est assez long, avec de la substance et de la profondeur mais aucune lourdeur. La poitrine est large et la cage thoracique légèrement arrondie.

Queue

De longueur moyenne à longue, la queue de l'Ocicat est assez épaisse à la base et va en s'effilant légèrement jusqu'à l'extrémité.

Robe

Fine, dense, soyeuse et près du corps, sa fourrure est assez longue pour porter en alternance plusieurs bandes de couleurs claires et foncées appelées « ticking ».

Les couleurs reconnues sont : noir, bleu, chocolat, lilac, cinnamon, fawn.

SON CARACTÈRE

Ce chat est peut-être votre nouveau compagnon car...

Vous vivez à la campagne

La constitution robuste de l'Ocicat lui permet de passer de longues heures au jardin, même en hiver, sans avoir à en souffrir. C'est un chat dynamique, qui a besoin d'espace et de distractions : un accès à l'extérieur est donc conseillé.

Vous aimez les chats toniques

Même s'il a un physique de chat sauvage, l'Ocicat n'en a pas du tout le caractère ! Il ne faut pas oublier qu'il est le résultat du croisement de Siamois, d'Abyssins et d'American shorthair, chats proches de l'homme s'il en est... de ses ancêtres Abyssin et Siamois, l'Ocicat a hérité le tempérament tonique et possessif avec ses maîtres. Il a lui aussi un bon filet de voix, qu'il utilise sans compter pour manifester son mécontentement si son maître ne s'occupe pas de lui, ou s'il ne remplit pas sa gamelle assez vite...

Mais vous aimez aussi les chats affectueux

De l'American shorthair, l'Ocicat a hérité d'un tempérament flegmatique de bon gros matou que rien n'effraye ni n'étonne ! L'Ocicat est très proche de ses maîtres et il ne supporte que difficilement d'être seul trop longtemps. Il est amical avec les étrangers et même avec les chiens.

Le Snowshoe

Le Snowshoe a été créé dans les années 1960 par une éleveuse de Philadelphie, Dorothy Hinds-Daugherty, par le croisement d'un Siamois avec un American shorthair bicolore puis avec un Sacré de Birmanie. Le résultat, un chat aux marques si particulières (« *Snowshoe* » signifie « raquette à neige » en anglais), n'est pas facile à obtenir, ce qui explique que le Snowshoe ne soit pas encore très répandu, malgré ses qualités. La race est officiellement reconnue en 1983 aux États-Unis.

SON APPARENCE

Tête

En forme de triangle équilatéral, la tête du Snowshoe présente des contours arrondis. De face, l'espace entre les oreilles semble plat. Le museau est arrondi et le menton est fort. De taille moyenne et placées dans le prolongement du triangle de la tête, les oreilles sont moyennement larges à la base. L'extrémité est arrondie.

Yeux

Assez grands, les yeux du Snowshoe sont de forme ovale à ronde. Ils sont légèrement inclinés sans pour autant être orientaux. Toutes les nuances de bleu sont acceptées.

Corps

Son corps est harmonieux et musclé. Dense, il paraît peser

moins lourd qu'il ne l'est en réalité. Les femelles sont plus petites et plus légères que les mâles.

Queue

De longueur moyenne, la queue du Snowshoe est assez épaisse à la base et va en s'effilant légèrement jusqu'à l'extrémité

Robe

Courte à moyennement courte, la fourrure est douce et soyeuse. Dense, elle n'est pas collée au corps. Deux motifs de panachures sont acceptés : le mitted et le bicolore. Les pieds doivent présenter du blanc. Des taches de couleur dans les zones blanches sont acceptées. La truffe et les coussinets peuvent être de la couleur de base, ou roses, ou mélangés. Corps : la couleur du corps doit être d'une nuance plus claire que les points. L'apparence générale du patron et le contraste prévalent sur la forme et le détail des zones colorées ou blanches.

SON CARACTÈRE

Ce chat est peut-être votre nouveau compagnon car...

Vous aimez les chats curieux

Comme son ancêtre le Siamois, le Snowshoe est d'une curiosité sans égale ! Il a le don de se fourrer dans les endroits les plus improbables pour aller fouiner. Attendez-vous à le chercher dans toute la maison régulièrement !

Vous appréciez les grandes conversations

Le Snowshoe a hérité du Siamois un certain goût pour la discussion, mais dans une moindre mesure. C'est donc un chat bavard, mais pas trop. Ne vous étonnez donc pas s'il vous rappelle à l'ordre si vous oubliez l'heure du repas !

Vous n'êtes jamais lassé de câlins

Le Snowshoe est un chat très affectueux, câlin et doux. Il apprécie les longues séances de papouilles, et n'hésite pas à venir se coucher sur votre ordinateur pour réclamer son quota de caresses.

Le Chausie

Le Chausie est issu du croisement entre un *Felis chaus*, un petit félin sauvage qui vit sur des territoires qui vont de l'Égypte à l'Asie du Sud-Est, et des chats domestiques. L'objectif final étant d'obtenir un chat au physique proche de celui du chat sauvage chaus, mais avec le caractère doux d'un chat domestique. Les premières hybridations ont débuté dans les années 1970 aux États-Unis avec des Abyssins, des Orientaux, des Bengal et des chats domestiques sans pedigree, mais au look « sauvage ».

SON APPARENCE

Tête

Le Chausie possède une tête de taille moyenne, formant un large triangle adouci quand elle est vue de face. Les pommettes sont marquées et anguleuses, le front légèrement bombé. Hautes et grandes, ses oreilles sont placées rapprochées l'une de l'autre. Larges à la base, elles ont un bout arrondi, agrémenté de plumets.

Yeux

De taille moyenne, en ovale légèrement aplati, la couleur de or à jaune est préférée, mais le noisette ou le vert sont acceptés.

Corps

De format long et puissant, le corps du Chausie est rectangulaire. Sa musculature est puissante et sa poitrine est large et profonde.

Queue

Assez épaisse, la queue du Chausie est courte, mesurant idéalement les trois quarts de la longueur de la queue d'un chat normal.

Robe

Courte à moyenne et près du corps, la fourrure du Chausie doit cependant avoir une longueur suffisante pour que chaque poil présente au moins quatre bandes alternées, claires et foncées, appelées « ticking ».

SON CARACTÈRE

Ce chat est peut-être votre nouveau compagnon car…

Vous aimez la génétique

Quand un chat domestique est croisé à un *Felis chaus*, la première génération hybride est nommée « F1 », la seconde génération est dite « F2 », la troisième « F3 », ainsi de suite… Les mâles des premières générations (F1, F2, F3) sont stériles en raison d'un conflit chromosomique, mais les femelles demeurent fertiles.

Vous n'êtes pas accro aux titres

Le Chausie est considéré par le LOOF comme une Nouvelle Race jusqu'au 1er janvier 2025 : il peut être présenté en exposition, mais ne peut pas obtenir de certificat de titre ni participer aux Best In Show. Il peut être jugé et obtenir un « Excellent » si le sujet présenté est d'un mérite suffisant. Les chats sauvages et les hybrides F1 à F4 inclus sont interdits dans les expositions et les présentations LOOF.

Vous appréciez les chats « chats »

Le Chausie est un félin dans l'âme. De ses origines, il a gardé un physique sauvage, mais au caractère très agréable. Le Chausie est un chat très attachant, mais il a absolument besoin d'espace et ne peut se contenter d'une vie dans un espace réduit.

Le Laperm

Tout comme le Rex cornish, le Rex devon ou le German rex, le Laperm est un chat tout frisé issu d'une mutation spontanée découverte dans la nature. Tous les Laperm descendent de Curly, une petite femelle découverte dans l'Oregon (États-Unis) en 1982. Sa propriétaire laissant faire la nature s'est retrouvée à la tête d'un cheptel de chats frisés assez conséquent. Elle contacte alors des éleveurs et ils obtiennent la reconnaissance officielle de la race en 1995.

SON APPARENCE

Tête

Vue de face, la tête du Laperm est en forme de triangle aux contours adoucis, avec un nez large et droit. Son museau est plutôt large, son menton ferme. Placées dans le prolongement du triangle formé par la tête, les oreilles sont de taille moyenne, ornées de plumets.

Yeux

Ses yeux sont de taille moyenne, toutes les couleurs sont admises.

Corps

Le corps du Laperm est de longueur moyenne, élégant et bien musclé, avec des pattes à l'ossature moyenne.

Queue

De longueur moyenne, la queue du Laperm est en proportion avec le corps.

Robe

La fourrure du Laperm est crantée et/ou forme des vagues. Son toucher est unique parmi les Rex. Moelleuse, elle n'est jamais drue mais peut au contraire s'ouvrir jusqu'à la peau si l'on souffle dessus. Toutes les couleurs sont reconnues.

SON CARACTÈRE

Ce chat est peut-être votre nouveau compagnon car...

Vous avez un faible pour les surprises

Certains chatons naissent avec une fourrure frisée, mais, à l'âge de deux semaines, perdent tous leurs poils. Cette période de nudité dure généralement quelques semaines : tous les chatons retrouvent une belle fourrure bouclée à quatre mois.

Vous appréciez les chats faciles à vivre

Malgré son look particulier, le Laperm n'est pas un chat fragile, loin de là. Les chatons sont très précoces : ils ouvrent les yeux et sont sevrés plus tôt que les autres.

Vous aimez plonger vos mains dans la fourrure

La fourrure du Laperm n'est pas drue comme celle de

certains chats frisés, mais toute douce. Son pelage moelleux possède un toucher unique.

Le Sokoké

Le Sokoké, anciennement appelé « Khadzonzos » est un chat originaire de la forêt de Sokoké au Kenya. Jeni Slater, une Anglaise, le découvre et décide de le sortir de l'anonymat en 1978. Le premier couple est importé au Danemark en 1984. Il a été reconnu en 1993, mais reste très rare.

SON APPARENCE

Tête

En forme de triangle adouci, la tête du Sokoké est petite par rapport à son corps. Son nez est de longueur moyenne et droit. De taille moyenne, ses oreilles sont larges à la base et arrondies à l'extrémité. Des plumets sont souhaitables

Yeux

En amande, ses yeux sont grands, bien espacés et placés légèrement de biais. Ils sont de couleur ambre à vert.

Corps

Le corps du Sokoké est moyennement long, mince et musclé. Sa poitrine est proéminente et bien développée. Ses pattes sont hautes et longues, avec une ossature robuste. L'angulation des pattes arrière, très prononcée, est caractéristique de la race.

Queue

De longueur moyenne à longue, la queue du Sokoké est assez épaisse à la base et va en s'effilant légèrement jusqu'à l'extrémité.

Robe

Très courte, près du corps et brillante, la fourrure du Sokoké ne comporte pas de sous-poil. Son motif marble ressemble à un tabby classique, légèrement allongé et brouillé. Des poils ticked dans les marques noires sont typiques de la race.

SON CARACTÈRE

Ce chat est peut-être votre nouveau compagnon car...

Vous raffolez de la rareté

Le Sokoké est une race encore très rare en France : une seule portée de trois chatons est née en 2003 chez Monique Dumont, la seule éleveuse répertoriée dans le pays. Moins de trente éleveurs sont identifiés dans le monde.

Vous appréciez la conversation

Le Sokoké est un chat bavard, qui adore communiquer et discute avec son humain en émettant toutes sortes de sons.

Vous affectionnez les chats dynamiques

Le Sokoké est très curieux et vous suit partout où vous allez comme un chien. Il est très sociable et s'entend avec tout le monde, y compris les chiens et les autres chats. Le Sokoké est très acrobatique et adore sauter et grimper. Il bondit facilement sur les placards et aime courir sur les tringles à rideaux. Si vous ne retrouvez pas votre Sokoké, regardez en l'air !

Le Japanese bobtail

Selon la légende, le chat apparaît au Japon le dixième jour de la cinquième lune de l'an 999, lorsqu'un mandarin offre une chatte blanche à l'empereur Idi-Jô. On pense que les premiers chats sont arrivés de Chine dès le VIe siècle. Depuis des siècles, des chats à queue courte, en « chrysanthème » sont représentés dans l'art japonais. C'est après la Seconde Guerre mondiale que les Américains découvrent le Japanese bobtail et importent la race aux États-Unis, où elle est reconnue en 1976.

SON APPARENCE

Tête

La tête du Japanese bobtail forme un triangle équilatéral presque parfait avec des courbes douces et des pommettes hautes. Son nez est assez long, son museau relativement large et arrondi, avec un menton fort. Ses oreilles sont grandes, bien dressées et expressives.

Yeux

Ses yeux sont grands, plus ovales que ronds, bien ouverts et expressifs. Ils peuvent être de toutes les couleurs à condition qu'elles s'accordent avec la robe.

Corps

Le corps du Japanese bobtail est long, mince et élégant. Ses pattes sont hautes et fines sans être fragiles.

Queue

Sa queue est naturellement enroulée sur elle-même de manière à former un pompon. Portée assez haut quand le chat est détendu, elle peut être souple ou rigide. Les poils sont suffisamment longs pour cacher complètement la structure osseuse.

Robe

Sa fourrure fine et soyeuse est de longueur courte à moyenne avec très peu de sous-poil. Toutes les couleurs sont autorisées, sauf celles basées sur chocolat, lilac, cinnamon et fawn.

SON CARACTÈRE

Ce chat est peut-être votre nouveau compagnon car...

Vous appréciez l'élégance peu conventionnelle

Le Japanese bobtail est, malgré sa queue « bizarre », un chat très élégant. Sa queue est en fait enroulée sur elle-même et forme comme un pompon de poils hirsutes. Cela ne passe pas inaperçu !

Vous aimez les grandes conversations

Comme tous les chats orientaux, le Japanese bobtail est un chat bavard, qui se lance souvent dans de grandes conversations avec son humain. C'est un chat extraverti, mais il est toutefois plus calme que le Siamois.

Vous préférez la simplicité

Le Japanese bobtail est un chat facile d'entretien. Son absence de sous-poil fait qu'il perd peu ses poils et ne nécessite qu'un brossage hebdomadaire. Seul point à surveiller : son alimentation, car il a tendance à l'embonpoint !

L'Européen

Dès 1871, les Britanniques sélectionnent des chats domestiques, selon des critères rigoureux. Ils créent ainsi un chat de race nommé British shorthair. Ce dernier, importé en France, où l'élevage se développe dans les années 1960, y prend le nom d'Européen. La Fédération internationale féline décide alors de remanier le standard de l'Européen pour qu'on ne le confonde plus avec le British shorthair, plus rond et plus trapu. Son standard précise : « L'élevage de l'Européen est basé sur le fait qu'il s'agit d'un chat qui n'est pas différent, du point de vue anatomique, du chat commun domestique à poil court. » Il a été officiellement rebaptisé « European shorthair » en 2007. L'Européen a du mal à s'imposer en France, car le grand public le confond avec le chat de gouttière.

SON APPARENCE

Tête

Plus longue que large, la tête de l'Européen est assez ronde avec des joues bien développées. Son front et son crâne sont très légèrement arrondis. Son nez est droit, de longueur moyenne et d'égale largeur sur toute sa longueur. Ses oreilles sont placées assez espacées l'une de l'autre et sont légèrement arrondies à leur extrémité.

Yeux

Les yeux de l'Européen sont arrondis et placés légèrement de biais. Leur couleur, qui va de l'orange au jaune et au vert, doit être la plus brillante, la plus lumineuse et la plus uniforme possible.

Corps

Le corps de l'Européen est de taille moyenne à grande et s'inscrit dans un rectangle. La poitrine est large et bien développée. Son ossature est forte et la musculature puissante.

Queue

Épaisse à la base, sa queue est de longueur moyenne et va en s'effilant vers un bout arrondi.

Robe

Courte, dense et lustrée, la fourrure de l'Européen est couchée sur le corps. Toutes les couleurs sont autorisées, sauf celles basées sur chocolat, lilac, cinnamon et fawn.

SON CARACTÈRE

Ce chat est peut-être votre nouveau compagnon car...

Vous appréciez les chats « nature »

Comme un chat de gouttière, l'Européen peut vivre aussi bien dans un appartement que dans une maison. Il s'adapte facilement à toutes les situations. Son entretien est aisé. L'Européen n'est pas un chat difficile, il mange en général de tout et, comme ses cousins, c'est un chat robuste et rustique, qui ne connaît pas de problèmes de santé particuliers.

Vous avez déjà un chien à la maison

L'Européen s'entend généralement bien avec les chiens, à condition que les présentations soient faites dans les règles. Si vous avez déjà un chien, présentez-lui le chaton et surveillez-les les premiers temps pour éviter tout accident. Si vous avez un Européen à la maison et que vous accueillez un chaton, présentez-le au chat et apprenez-lui à le respecter d'un « Non » ferme s'il se montre un peu trop envahissant.

Vous aimez les « chats-chats »

L'Européen a gardé dans son bagage génétique l'astuce et

la débrouillardise de ses ancêtres chats de gouttière. Il arrive toujours à ses fins, que ce soit pour sortir, aller chiper un morceau de poulet dans un plat ou sauter sur vos genoux quand vous lisez. Très attachant, l'Européen est un compagnon fort agréable. Il est très affectueux et toujours en quête de caresses. L'Européen est très doux avec les enfants.

Le Burmese anglais

Le Burmese est originaire du Sud-est asiatique, où il a été découvert par les Américains et les Européens en poste dans les colonies à la fin du XIXe siècle. Wong Mau est le premier Burmese connu en Occident. Cette petite chatte est ramenée en Amérique en 1930 par le major Thomson qui croise Wong Mau avec un Siamois, Tai Mau. Un chaton de la portée est accouplé à Wong Mau et c'est ainsi que la race du Burmese commence sa carrière. À la fin des années 1950, des Burmese sont importés en Grande-Bretagne où on continue à les marier avec des Siamois. Le Burmese anglais se différencie alors de son cousin américain par un type et des couleurs inconnues outre-Atlantique.

SON APPARENCE

Tête

De taille moyenne. Vue de face, elle forme un triangle court, large au niveau des pommettes et se terminant en fuseau par un museau légèrement arrondi. Le dessus du crâne est large et légèrement bombé. Le front est légèrement arrondi. Le nez présente un stop net puis se termine droit. De taille moyenne, les oreilles sont placées bien écartées. Larges à la base, leur extrémité est arrondie. Elles sont légèrement pointées vers l'avant.

Yeux

Grands, ses yeux sont bien espacés l'un de l'autre. La couleur des yeux du Burmese anglais est particulièrement vive et lumineuse. Toutes les nuances de jaune à ambre sont acceptées, le jaune doré ayant la préférence.

Corps

Le corps du Burmese anglais est de longueur et de taille moyenne, ferme et musclé au toucher, plus lourd qu'il ne paraît. Son poitrail est fort et arrondi de profil. Son dos est droit.

Queue

Moyennement épaisse à la base, sa queue va en s'effilant jusqu'à un bout arrondi. De longueur moyenne, elle atteint les épaules lorsqu'elle est ramenée le long du corps.

Robe

Presque sans sous-poil, la fourrure du Burmese anglais est courte, fine, brillante et bien couchée sur le corps. Sa couleur est « sépia » : toutes les couleurs sont autorisées, avec les extrémités légèrement plus foncées que le reste du corps (mais dans des tons moins marqués que dans le motif colourpoint).

SON CARACTÈRE

Ce chat est peut-être votre nouveau compagnon car…

Vous appréciez les chats câlins

Le Burmese anglais a le tempérament des races de chats originaires du Sud-Est asiatique : assez exubérant et de l'énergie à revendre ! Il possède une voix assez rauque et forte. Il n'hésite pas à l'utiliser pour rappeler son maître à ses devoirs : caresses et attentions dont il ne peut se passer. Il est très proche de son maître et apprécie de passer de longs moments avec lui.

Vous avez la bougeotte

Le Burmese anglais est un grand curieux, toujours heureux de découvrir de nouveaux horizons avec son maître. Les voyages ne lui font pas peur ! Il est également curieux des gens et apprécie de voir de nouvelles têtes, qu'il vient inspecter avec curiosité.

Vous vivez dans une maison

Plutôt tonique, le Burmese anglais est plus heureux dans un jardin, où il peut exercer ses talents de chasseur. Mais attention, c'est un kamikaze : il n'a peur de rien ni de personne. Il risque donc de faire de mauvaises rencontres s'il venait à sortir sans surveillance trop longtemps. Il peut donc être souhaitable de l'équiper d'un collier GPS pour garder un œil sur ses déplacements.

L'American wirehair

Comme le British shorthair en Grande-Bretagne ou l'Européen en France, l'American shorthair est aux États-Unis un « chat du terroir amélioré ». Il est présent sur le territoire américain depuis le XVIIIe siècle et l'arrivée des premiers migrants. L'American wirehair, quant à lui, est apparu pour la première fois dans une ferme près de New York en 1966. Il fait partie de ces races à la mutation du poil spontanée. Il possède la particularité d'avoir un poil crépu et rêche. Reconnu en 1978 aux États-Unis, l'American wirehair peut être marié avec l'American shorthair.

SON APPARENCE

Tête

De taille moyenne par rapport au corps, la tête de l'American wirehair, vue de face, s'inscrit dans un carré. Les joues bien pleines lui donnent une expression douce. Le museau est court, bien marqué et carré. Légèrement arrondies au bout, ses oreilles sont bien espacées l'une de l'autre.

Yeux

De taille moyenne à grande, ses yeux sont arrondis et placés légèrement de biais. La couleur, brillante et lumineuse, doit être uniforme.

Corps

Le corps de l'American wirehair est rectangulaire et puissant. Ses épaules et ses hanches, de même largeur, sont légèrement arrondies. Ses pattes sont dotées d'une ossature robuste et d'une musculature puissante.

Queue

Épaisse à la base et de longueur moyenne, sa queue va en s'affinant légèrement jusqu'à un bout arrondi.

Robe

En anglais, *wirehair* signifie littéralement « à poil dur » : la fourrure de l'American Wirehair est donc composée de poils crépus, de poils pliés ou froissés et de poils munis d'un crochet à leur extrémité, appelé « hook ». De la combinaison de tous ces poils résulte une texture au toucher unique, à la fois élastique, dense et rugueux. Toutes les couleurs sont reconnues sauf celles basées sur chocolat, lilac, cinnamon et fawn.

SON CARACTÈRE

Ce chat est peut-être votre nouveau compagnon car...

Vous affectionnez son côté rêche

Contrairement à d'autres races au poil bouclé, l'American wirehair présente un poil plutôt rêche, comme crépu, se terminant par un léger crochet, caractéristique de la race.

Vous adorez les chats câlins

L'American wirehair est un chat adorable, comme son cousin l'American shorthair. C'est un chat équilibré, qui cohabite avec tout le monde harmonieusement : enfants, seniors, chiens, chats... Il adore les séances de câlins et en redemande régulièrement !

Vous n'aimez pas les souris

L'American wirehair non plus ! Ou alors, à croquer... C'est un redoutable chasseur, qui débarrasse le jardin de tous les indésirables... Reste à savoir si vous êtes partant pour découvrir ses offrandes sur le paillasson au petit déjeuner !

Le Manx

La présence de chats sans queue sur l'île de Man, en mer d'Irlande, est connue depuis plus de trois siècles. Le gène de l'absence de queue serait le résultat d'une mutation spontanée. Une autre hypothèse, plus poétique, fait référence au Déluge : le Manx, arrivé bon dernier sur l'Arche de Noé, aurait eu la queue coincée dans les portes qui se refermaient... Les éleveurs de chats britanniques remarquent très vite ce chat si original, et le présentent dès les premières expositions félines de la fin du XIXe siècle. Le roi Édouard VIII en a possédé plusieurs dans les années 1930, et c'est une race assez populaire en Grande-Bretagne et aux États-Unis, mais encore très rare en France.

SON APPARENCE

Tête

La tête du Manx est large avec des contours bien arrondis quel que soit l'angle sous lequel on la regarde. Son nez est court et large. Larges à la base, ses oreilles sont de taille moyenne à petite, arrondies à leur extrémité et placées bien espacées l'une de l'autre, de manière à respecter l'arrondi de la tête.

Yeux

Ses yeux sont ronds, grands et bien ouverts, bien écartés l'un de l'autre. Leur couleur doit être uniforme et en accord avec celle de la robe. Les tonalités les plus intenses et les plus brillantes sont préférées.

Corps

Le corps du Manx est compact, épais, musclé, puissant et bien rond. Le dos forme un arc continu et lisse, des épaules jusqu'à la croupe bien ronde. L'ossature est robuste et la musculature puissante. La taille est moyenne à grande.

Queue

Il existe quatre catégories de Manx :

le rumpy qui a une absence totale de queue,

le rumpy riser qui a de une à trois vertèbres sacrées formant un renflement,

le stumpy qui possède de une à trois vertèbres caudales,

le longy qui possède une queue de longueur normale.

Robe

La fourrure du Manx est courte, dense, ferme et dressée. Elle est dotée d'un sous-poil épais. Toutes les couleurs sont acceptées.

SON CARACTÈRE

Ce chat est peut-être votre nouveau compagnon car...

Vous appréciez l'originalité

Avec son popotin tout rond, le Manx ne passe pas inaperçu ! Il se déplace d'une démarche sautillante bien à lui. Mais il existe également des Manx avec un embryon de queue... qui ont aussi un look bien à eux !

Vous n'avez pas le vertige

Sa morphologie si particulière, avec son arrière-train très fort, fait du Manx un acrobate de premier ordre. Il est capable d'aller se jucher sur les points les plus hauts de la pièce. C'est aussi un excellent chasseur : ses capacités de sauteur lui permettent de poursuivre les proies sur les plus hautes branches !

Vous êtes favorable au contrôle des naissances

Le gène responsable de l'absence de queue est potentiellement mortel pour les chatons qui en hériteraient de leurs deux parents. Comme ce gène n'apparaît pas chez tous les chats, il existe également des Manx avec queue. Il faut donc toujours faire se reproduire ensemble un Manx sans queue et un Manx avec queue pour éviter tout problème.

La check-list de

○ **J – 2 mois :** Une fois que vous avez choisi la race de chat qui vous convient, recherchez un élevage ayant une portée disponible (sur le site du LOOF ou d'autres sites internet).

....

○ **J – 1 mois :** Visitez l'élevage et choisissez votre chaton. Versez un acompte pour le réserver.

....

○ **J – 15 jours :** Faites le tour de votre domicile avec le regard critique d'un futur propriétaire de chaton. Sécurisez les fils électriques, éloignez les plantes toxiques et les produits dangereux...

....

○ **J – 8 jours :** Achetez le trousseau de votre chaton.

....

○ **Jour J :** Rendez vous chez l'éleveur (professionnel ou particulier) pour chercher votre chaton. Vérifiez qu'il vous remet tous les papiers :

- Carte d'identification
- Passeport
- Attestation de vente
- Document d'information sur la race
- Carnet de santé (si le chaton a été vacciné par l'éleveur, ce qui n'est pas une obligation)
- Certificat vétérinaire

l'achat du chaton

- Certificat de naissance (si le chaton est de pure race). Il est possible que l'éleveur ne l'ait pas encore reçu, dans ce cas, il doit vous fournir une attestation précisant qu'il a bien effectué toutes les démarches d'inscription au Livre des origines et qu'il vous fera parvenir le certificat dès réception.

○ **J + 1 :** Si la démarche n'a pas été faite lors de l'achat, envoyez la carte d'identification de votre chaton portant vos coordonnées à l'i-Cad (Fichier national d'identification des carnivores domestiques).

○ **J + 8 :** Emmenez votre chaton chez le vétérinaire pour la visite d'achat. Le praticien s'assurera qu'il n'est atteint par aucune des maladies répertoriées comme vice rédhibitoire.

○ **J + 15 :** Si vous avez acheté votre chaton à deux mois, emmenez-le chez le vétérinaire pour ses premiers vaccins.

○ **J + 1 mois :** Rappels de vaccins.

○ **J + 2 mois :** Rappels de vaccins.

○ **J + 3 mois :** Rappels de vaccins

Et si votre chat était votre

incontournable des chats

Dans chaque numéro :

- Un grand dossier autour de la « culture chat »
- Des conseils bien-être pour vous et votre chat
- Des interviews inédites
- De très belles photos et illustrations
- Des fiches « Bien dans mes poils » à collectionner
- De nombreux petits plaisirs papier

ABONNEZ-VOUS EN LIGNE !

Profitez de -10 % sur **prismashop.fr**
avec le code **"ABOMIAOU"** à saisir dans Clé Prismashop

#miaoularevue

Éditions Prisma
Directeur : Pierre-Olivier Bonfillon
Directrice éditoriale adjointe : Laura Stioui
Responsable éditoriale : Florence Gazel de Rochegonde
Chargée d'édition : Marie Ranson assistée de Louise Dupuich
Chefs de fabrication : Jérôme Brotons, Anne-Kathrin Fischer

Direction artistique et réalisation : marguerite.coop
Éditrice déléguée : Isabelle Collin

Crédits iconographiques : © Shutterstock

Dépôt légal : février 2022
ISBN : 978-2-8104-3658-3
Imprimé en Bosnie-Herzégovine par DZS.

FSC
www.fsc.org
MIXTE
Papier issu de sources responsables
FSC® C110418